А. Таевъ.

ПАСХА.

(Изъ дѣтскихъ воспоминаній).

СЕРГІЕВЪ ПОСАДЪ

Типографія Св. Тр. Сергіевой Лавры.
1914

Оттискъ изъ журнала Христіанинъ за 1914 г.

ПАСХА.

(Изъ дѣтскихъ воспоминаній).

I.

Встрѣча праздника.

Ожиданіе праздника Пасхи начиналось у меня чуть не съ Чистаго понедѣльника, т.-е. съ перваго дня Великаго поста. Усиливаясь съ каждымъ днемъ и недѣлей, оно становилось особенно напряженнымъ на Страстной недѣлѣ. Своего же апогея это ожиданіе достигало наканунѣ праздника, въ Великую субботу.

Такъ ждутъ только особенно дорогого гостя. Сначала этотъ гость пришлетъ письмо съ сообщеніемъ о днѣ пріѣзда. Получившіе письмо считаютъ, сколько дней осталось до пріѣзда, потомъ, съ каждымъ новымъ днемъ, уменьшаютъ число дней на единицу, затѣмъ уже считаютъ не только дни, но и часы; нетерпѣніе постепенно возрастаетъ и ко дню пріѣзда гостя становится невыносимымъ. Наконецъ, ожидаемый и ожидающіе встрѣчаются въ радостномъ свиданіи, съ объятіями и восклицаніями, которыми, какъ искрами электричества, разряжается накопившаяся въ нихъ энергія томительнаго ожиданія.

Хотя встрѣча Пасхи происходила, главнымъ образомъ, въ храмѣ, гдѣ раздавались клики радости и восторга, гдѣ чуткіе до той минуты люди заключали другъ друга въ братскія объятія; хотя первый наиболѣе восторженный моментъ встрѣчи падалъ на полночь: однако, и то, что непосредственно предшествовало этому моменту, восторгу и объятіямъ, также относилось ко встрѣчѣ, составляло необходимую прелюдію къ пасхальному торжеству.

Вечеръ Великой субботы. Начинаетъ темнѣть. Благовѣстятъ въ маленькій колоколъ къ „Дѣяніямъ".

Такъ называется, совершающееся въ храмахъ предъ пасхальной утреней, бдѣніе, на которомъ прочитывается вся книга „Дѣяній Апостольскихъ". Вмѣстѣ съ съ пасхальной ночной службой это единственный у насъ, рядовыхъ христіанъ, остатокъ тѣхъ молитвенныхъ собраній, въ которыхъ проводили цѣлую ночь первые христіане. У насъ имѣется масса всевозможныхъ ночныхъ собраній: клубы, балы, спектакли, карточныя игры и т. д.; есть у насъ и „всенощныя бдѣнія", совершающіяся отъ 6 до 8 часовъ, если не раньше и не меньше, но „всенощной" въ собственномъ смыслѣ, т.-е. продолжающимся всю ночь молитвеннымъ бдѣніемъ въ храмѣ у насъ осталась только пасхальная служба. За эту исключительность или особенность я и любилъ „Дѣянія", какъ первую, хотя и будничную еще по обстановкѣ, часть пасхальной „всенощной".

По первому удару колокола я шелъ въ церковь, куда къ тому времени уже начиналъ собираться народъ, пока въ очень незначительномъ числѣ, по-преимуществу старики и старушки, за-свѣтло спѣшившіе дойти до церкви, и ребята, какъ главные чтецы „Дѣяній".

Около плащаницы съ трехъ сторонъ на подсвѣчникахъ мерцали въ полумракѣ храма рѣдкіе огни свѣчъ. Впереди высился до самаго купола, выступавшій изъ сумрака храма, иконостасъ, которымъ какъ будто скрывалась какая-то великая и священная тайна...

— Благословенъ Богъ нашъ, — возглашалъ папа, или, что чаще случалось, другой священникъ, такъ какъ, насколько я помню, на его недѣлѣ Пасха приходилась гораздо чаще, чѣмъ на папиной, и со словомъ: „Аминь" самъ начиналъ чтеніе „Дѣяній".

— „Первое убо слово сотворихъ о всѣхъ о, Ѳеофиле"...

Прочтя одно зачало или, самое большее, одну первую главу, священникъ передавалъ книгу для чтенія псаломщику, который ex officio (по обязанности) долженъ былъ прочитать также не менѣе одного зачала. Послѣ псаломщика „Дѣянія" читались охотниками сначала изъ нашего села, а потомъ и, главнымъ образомъ, изъ деревень. Больше всѣхъ читалъ мой братъ Павлуша; я читалъ не болѣе одной главы. Впрочемъ, боясь простуды, которую легко было получить въ холодной церкви, остававшейся безъ службы всю зиму и не достаточно прогрѣтой и просушенной до праздника, меня и совсѣмъ иногда лишали удовольствія почитать „Дѣянія", позволяя лишь ходить въ эту церковь, но не читать въ ней. Въ то время я не боялся никакихъ простудъ, почему это лишеніе было для меня очень тяжело.

Прочитавъ свою главу, я уходилъ изъ церкви. Нѣсколько разъ, впрочемъ, до утрени я возвращался въ церковь и снова принимался читать „Дѣянія". Съ каждымъ разомъ я заставалъ народу все больше и больше, свѣчи передъ плащаницей разгорались все ярче и ярче, а мракъ, въ который былъ погруженъ алтарь, становился все чернѣе и таинственнѣе...

Дома въ это время заканчивались послѣднія предпраздничныя хлопоты: чистились самовары и обувь, примѣрялись платья и т. д.

Папа имѣлъ обыкновенія спать передъ утреней. Спали также и сестры. Но я никакъ не могъ понять, какъ можно спать въ эту единственную, „священную и всепразднственную", какъ поется въ одномъ изъ тропарей пасхальнаго канона, „спасительную", „свѣтозарную" ночь, и самъ, дѣйствительно, во всю ночь не смыкалъ глазъ. Наивный ребенокъ! Я обо всѣхъ судилъ по себѣ. Я думалъ, что и другіе такъ же молоды и счастливы, какъ я.

Мнѣ хотѣлось съ кѣмъ-нибудь раздѣлить свою радость. Съ кѣмъ же, какъ не съ папой! Я забирался къ нему на кровать, надоѣдалъ ему своими вопросами, лѣзъ цѣловаться. Но папа отворачивался отъ меня, отвѣчалъ на всѣ мои вопросы молчаніемъ, сердился и эта неласковость повергала меня въ еще большее недоумѣніе, щемя сердце до боли. Я не понималъ того, какъ можно сердиться въ такое время, всего за нѣсколько часовъ до Пасхи, когда всѣмъ должно быть такъ же весело и радостно, какъ и мнѣ. Я не соображалъ, что папа усталъ, требуетъ отдыха, что весь первый день Пасхи послѣ службы, и почти цѣлую недѣлю ему придется ходить по приходу...

Впрочемъ, въ видѣ исключенія, я припоминаю такой случай. Въ одну пасхальную ночь папа самъ разговорился со мной. Онъ говорилъ мнѣ, сидя въ залѣ при свѣтѣ одной лишь лампадки, у окна, какъ разъ напротивъ котораго черезъ отворенную дверь храма, былъ виденъ яркій блескъ, горѣвшихъ передъ плащаницею, свѣчъ.

— Всѣ важнѣйшія событія Ветхаго и Новаго завѣта,—сообщалъ мнѣ папа:—совершились ночью. Христосъ родился—ночью, воскресъ также въ полночь. Возьми исходъ евреевъ изъ Египта. Когда онъ совершился? Опять ночью. И страшный судъ произойдетъ въ полночь, какъ поется: „Се женихъ грядетъ въ полунощи“. И папа запѣлъ этотъ тропарь.

Мистически настроенный ожиданіемъ Пасхи, видомъ полуосвѣщеннаго храма, кроткимъ сіяніемъ лампады, я еще болѣе, подъ вліяніемъ папиныхъ словъ, и особенно пѣнія, наэлектризовался. Я живо представилъ себѣ всѣ упомянутыя событія: и Рождество Христа, когда Онъ лежалъ спеленатымъ въ ясляхъ убогаго вертепа, а не подалеку, въ ночномъ, пастухи стерегли свои стада; и воскресеніе Христово со всѣми подробностями: стражей, бодрствующею у запечатаннаго гроба въ безмолвіи сада, свѣтлымъ, нисходящимъ съ неба на трясущуюся землю, Ангеломъ, отъ котораго стража бѣжитъ безъ оглядки, печать ломается, камень самъ собою отпадаетъ отъ двери могильной пещеры и изъ нея, какъ женихъ изъ брачнаго чертога, выходитъ въ сіяніи Божественной славы Христосъ, съ любовью взирающій на весь сотворенный, а теперь и обновленный Имъ—міръ. Съ такой же точно живостью я нарисовалъ себѣ картину исхожденія евреевъ изъ Египта и Страшнаго Суда вмѣстѣ съ имѣющимъ предшествовать ему Всеобщимъ Воскресеніемъ Мертвыхъ, въ чемъ мнѣ немало помогъ и папа, живыми образными чертами описывая, какъ то, такъ и другое событіе и при этомъ поправилъ меня въ изображеніи Воскресенія Христова, сказавъ, что Христосъ воскресъ „камени запечатану отъ іудей“. И эти, начертанные имъ, образы доселѣ неизгладимо хранятся въ моей памяти, всплывая на поверхность сознанія при всякомъ удобномъ случаѣ. Ахъ! какъ бы хотѣлось побольше имѣть такихъ впечатлѣній! Но какъ жаль, что лишь дѣтство способно придавать этимъ впечатлѣніямъ живость и какую-то невыразимо нѣжную прелесть!

Оставивъ папу въ покоѣ, я шелъ въ кухню, гдѣ до самой утрени, не ложась, толпился народъ. Здѣсь я заставалъ обычно такую сцену.

Посреди кухни, на нѣкоторомъ просторѣ, стоялъ кружекъ ребятъ, въ центрѣ котораго, какъ запѣвала въ хороводѣ, находился Андрей Горбатый, или по другому названію „Флегинъ“. Это онъ образовалъ вокругъ себя импровизированный хоръ и теперь управлялъ имъ, отчаянно махая руками, какъ подобало, по его мнѣнію, настоящему регенту и, вмѣсто камертона, ударяя по скрюченному отъ работы на морозѣ кулаку обломкомъ отъ подковы, давалъ тонъ: „до-ми-фа“. Подъ его маханье и тонъ ребята пѣли канонъ Великой субботы „Волною морскою“.

Андрей Горбатый, или „Флегинъ“, являлъ собою въ нѣкоторомъ отношеніи замѣчательную личность, и сказать о немъ нѣсколько словъ не будетъ излишнимъ. „Горбатымъ“ его звали за соотвѣтствующій названію физическій недостатокъ, безобразившій его спину и грудь, и вообще портившій всю его наружность. Несмотря на этотъ недостатокъ, его внѣшность не была отталкивающей, а безъ горба она могла бы быть привлекательной. По душѣ онъ представлялъ собою вулканическую натуру и въ глазахъ того, кто зналъ вулканизмъ его души, горбъ Андреевъ даже какъ-то шелъ, былъ къ лицу его обладателя.

Интересно происхожденіе другой клички Андрея. Нѣкогда мальчикомъ Андрей вмѣстѣ съ отцомъ-сторожемъ жилъ въ уѣздномъ училищѣ, гдѣ онъ выучился незамѣтно для самого себя читать, писать и пѣть. Обладая за-разъ всѣми этими познаніями, на которыя у него имѣлся, очевидно, талантъ, онъ послѣдовательно проходилъ должности писаря, учителя и могъ быть, наконецъ, регентомъ, о чемъ говоритъ сцена съ импровизированнымъ хоромъ.

Если бы дать Андрею хорошее образованіе, изъ него бы могъ выйти не каррикатурный типъ „Флегина", а весьма полезный, любящій свое дѣло работникъ на какомъ угодно изъ поприщъ, къ которымъ онъ чувствовалъ призваніе.

Когда въ его деревнѣ впервые заводилась школа, Андрея пригласили быть въ ней истопникомъ, сторожемъ и кстати, при его грамотности, помощникомъ учителю. Андрей со всѣмъ жаромъ, свойственнымъ его вулканической натурѣ, взялся за это дѣло, особенно за послѣднюю обязанность—обученье ребятъ, тѣмъ болѣе, что учитель, часто запивавшій, по цѣлымъ недѣлямъ иногда не показывался въ школу, твердо увѣренный, что и безъ него дѣло сдѣлается не хуже.

Такъ какъ человѣкъ очень любитъ подражать и копировать кого нибудь, то и Андрей не остался безъ оригинала. Онъ рѣшилъ подражать смотрителю уѣзднаго училища, въ которомъ онъ одновременно и жилъ, и учился. Смотрителя звали Флегонтомъ Ивановичемъ. Флегонтъ - имя рѣдкое и „хитрое" Въ деревняхъ его никому не даютъ. Да и выговорить его не такъ просто, какъ „Иванъ" или „Андрей". И вотъ нашъ горбатый педагогъ, воображая, что Флегонтъ—имя не собственное, даваемое при крещеніи, а нарицательное, названіе должности, титулъ начальника училища, рѣшилъ самъ назвать себя этимъ именемъ и, не въ состояніи выговорить его правильно, упростилъ его.

— Ребята!—говорилъ онъ въ школѣ дѣтямъ.—Вы не могите меня звать Андреемъ, да еще горбатымъ. Я вамъ такой же Флегинъ.

Съ тѣхъ поръ и утвердилась за нимъ его вторая кличка. Давно уже онъ пересталъ быть въ школѣ не только учителемъ, но и сторожемъ, однако, и доселѣ его зовутъ, особенно тѣ, кто учился у него „Флегиномъ“.

Уволенный изъ школы за слишкомъ жестокое наказаніе, которому онъ подвергъ одного провинившагося ученика, Андрей поступилъ къ намъ въ работники. Я былъ съ нимъ очень друженъ. Длинными зимними вечерами мы читали съ нимъ житія разныхъ мучениковъ, святыхъ маленькія, въ разноцвѣтныхъ обложкахъ, книжки, приносимыя имъ изъ своей деревни, или какія-нибудь книги изъ папиной библіотеки. Особено мы увлекались Апокалипсисомъ и цѣлыя ночи просиживали надъ разгадкой имени, которому соотвѣтствовало бы „звѣриное число“.

Когда къ намъ въ кухню подъ праздники или великимъ постомъ приходилъ народъ, мы пѣли съ ребятами. Андрей регентовалъ. Иногда онъ, при пѣніи какого-нибудь мало извѣстнаго ему пѣснопѣнія, присочинялъ что-нибудь и отъ себя. Нѣкоторыя изъ его дополненій носили довольно комическій характеръ. Напримѣръ, когда Андрей пѣлъ „Покаянія отверзи ми двери“ по тому мотиву, какъ этотъ тропарь исполнялся нашимъ хоромъ,—послѣ словъ: „храмъ носяй тѣлесный“ онъ дѣлалъ такую вставку. Повторивъ нѣсколько разъ слово „весь“, какъ дѣлалъ это хоръ, Андрей вставлялъ отъ себя, очевидно, для большей выразительности: „до-тла“, т. е. до конца, такъ что у него получалось: „храмъ носяй тѣлесный, весь, весь, весь до-тла оскверненъ“. Надъ этой вставкой у насъ много смѣялись и даже нѣкоторое время звали Андрея— „до тла—Флегинъ“.

Пропѣвъ вмѣстѣ съ своимъ импровизированнымъ хоромъ канонъ Великой субботы, Андрей начиналъ пѣть: „Воскресенія день" и другіе ирмосы пасхальнаго канона.

Я стоялъ и подпѣвалъ, любуясь и всею сценой и центральной фигурой ея—Андреемъ.

По мѣрѣ того, какъ усиливался мракъ ночи, внутри церкви ярче разгорались свѣчи предъ плащаницею, мѣстными и другими иконами, такъ что къ одиннадцати часамъ наша церковь представляла собой исключительное зрѣлище, выступая всѣми освѣщенными окнами на фонѣ окружающей темноты. На это зрѣлище я подолгу засматривался, такъ какъ въ другое время нельзя было увидѣть нашу холодную церковь освѣщенною среди ночи.

На улицѣ села толпился народъ. Одни сидѣли на могильныхъ камняхъ, другіе на крыльцѣ нашего дома, третьи группировались по инымъ мѣстамъ, у калитки нашего сада сидѣла на землѣ кучка нищихъ, такъ же, какъ и всѣ, ожидавшихъ свѣтлой утрени. Я замѣтилъ ихъ еще съ вечера. На ихъ лицахъ свѣтилась дѣтская радость; вполголоса они разсказывали другъ другу что-то очень интересное.

Около одиннадцати часовъ меня начинали одѣвать. Доставали парадный бархатный костюмъ, въ которомъ я ходилъ къ причастію въ Великій четвергъ. Когда я совсѣмъ былъ одѣтъ и застегнутъ на всѣ пуговицы, я шелъ показаться мамѣ. Осмотрѣвъ меня съ ногъ до головы, она гладила меня по головѣ и цѣловала въ макушку, приговаривая:

— Очень хорошо, очень хорошо!

Послѣ меня убирались сестры, надѣвая на себя бѣлыя платья. Братъ одѣвался въ черный сюртукъ съ бѣлоснѣжной сорочкой.

Ровно въ одиннадцать часовъ зажигали первую плошку, за ней вторую, третью и т. д., кончая той, что стояла противъ нашего дома. Плошки горѣли яркимъ оранжевымъ пламенемъ, отражаясь на бѣлыхъ стѣнахъ храма колеблющимися причудливыми тѣнями и свѣтлыми пятнами.

Мы будили папу, по его приказу, когда зажигалась

первая плошка. Папа вставалъ, умывался, громко плескаясь водою, причесывался, одѣвался въ лучшіе подрясникъ и рясу. Остававшееся еще свободнымъ до благовѣста время онъ употреблялъ на чтеніе правила къ Св. Причащенію.

Время шло. Вотъ уже и половина двѣнадцатаго. На улицѣ показался сторожъ съ фонаремъ. Онъ идетъ къ недѣльному священнику за ключемъ отъ колокольни. Фонарь ему нуженъ, чтобы освѣщать путь по крутымъ ступенькамъ нашей колокольни.

Получивъ ключъ и приказъ начать благовѣстъ ровно въ двѣнадцать сторожъ отпираетъ колокольню, входъ въ которую находится въ притворѣ храма. Поручивъ произвести благовѣстъ и звонъ кому нибудь изъ многихъ желающихъ, онъ самъ возвращается въ церковь наблюдать за временемъ. Спустя двѣ-три минуты на колокольнѣ появляется слабый свѣтъ отъ фонаря, постепенно усиливаемый цвѣтными фонариками, подвѣшенными въ пролетахъ оконъ колокольни. Сверху доносится говоръ звонарей. Внизу стоитъ толпа, ожидая, какъ бы съ самаго неба, перваго удара колокола.

Я слѣжу за стѣнными часами. Съ замираніемъ сердца я вижу, какъ медленно, но неуклонно, большая минутная стрѣлка подползаетъ къ стоящей въ зенитѣ бѣлаго циферблата черной римской цифрѣ XII. Еще двѣ минуты осталось... одна... еще нѣсколько взмаховъ маятника и......

— Тррахъ! — вдругъ раздался и точно разсыпался оглушительный ударъ изъ пушки и не успѣлъ еще замолкнуть, какъ съ колокольни ему отвѣтилъ первый ударъ колокола.

— Боммм... и замеръ.

Мы всѣ перекрестились.

— Слава Богу! дождались опять пасхи — говоритъ папа.

— Тррахъ! — шарахаетъ — внизу, какъ бы потрясая своды самаго ада вторая пушка.

— Боммм... вторитъ ей сверху, будто съ неба, колоколъ.

— Тррахъ! — въ третій разъ бухнула пушка.

— Боммм... отвѣтилъ колоколъ и, не дожидаясь уже новой пушки, началъ безъ паузъ ритмически колебать воздухъ мощными и въ то же время сладостными звуками, „благовѣствуя землѣ велію радость" воскресенія.

Захвативъ съ собой купленныя ранѣе свѣчи, мы всѣ отправлялись вмѣстѣ съ папой въ церковь, за исключеніемъ одной мамы, которую мнѣ было отъ всего сердца жаль, что она не можетъ пойти съ нами въ церковь и лишена возможности принять участіе въ общемъ торжествѣ.

Однако, съ первымъ ударомъ колокола она выходила изъ своей комнаты въ залъ, садилась къ окну и смотрѣла на пылавшія плошки. И по ея, озаренному свѣтомъ плошекъ, лицу я не могъ не замѣтить волновавшаго ея душу сложнаго чувства скорби о своей болѣзни и удовольствія отъ чужой радости.

Зная по собственно опыту одного года, когда я по болѣзни принужденъ былъ на Пасху сидѣть дома, какъ тяжело это домашнее сидѣнье, я вполнѣ понималъ и раздѣлялъ мамино горе. Но я въ то же время, подчиняясь общему настроенію, не могъ не радоваться, не могъ не торжествовать...

2.

Въ храмѣ.

Мы входимъ въ храмъ сѣверною дверью. Храмъ уже полонъ. Едва пробираясь сквозь толпу, папа, я и Павлуша проходимъ въ алтарь, гдѣ меня ждетъ Ваня, мой другъ, а сестры въ то же время протискиваются къ „мѣстечку" устроенному близъ южной входной двери. Пасхальную службу я обычно провожу въ алтарѣ, находясь недалеко съ правой стороны, отъ престола. Здѣсь же были: братъ, Лебедевы и другіе мальчики, дѣти священно-церковно-служителей. Лишь два раза въ своемъ дѣтствѣ я стоялъ не въ алтарѣ.

Одинъ разъ я пошелъ съ сестрами на „мѣстечко", спасаясь отъ пушекъ, палившихъ у южной стѣны алтаря и пугавшихъ меня, какъ самыми выстрѣлами, такъ и своею близостью. Другой разъ я сталъ слѣва отъ престола, гдѣ находилась жаровня съ углями и накладывалось кадило — опять съ тою же цѣлью подальше уйти отъ пушекъ. Однако, онѣ и здѣсь меня пугали не меньше, заставляя не только съ содроганіемъ ожидать себя въ положенные моменты, но и присѣдать, какъ только раздавался ихъ ужасный грохотъ.

Въ алтарѣ каждая пядь свободнаго пространства была занята народомъ, не помѣщавшимся въ храмѣ, обоихъ притворахъ, на клирасахъ и солеѣ. Предъ Престоломъ стояли: прямо — о. Аѳанасій, какъ старшій священникъ, а съ правой стороны — папа. Оба они были въ эпитрахиляхъ отъ пасхальнаго облаченія. Алтарь пока полуосвѣщенъ и таинствененъ, какъ никогда.

Начинается полунощница, проходящая, главнымъ образомъ, въ пѣніи ирмосовъ великосубботняго канона: „Волною морскою“ и пр. Каждый ирмосъ поется трижды поочередно правымъ и лѣвымъ хоромъ. Полунощница эта мнѣ нравится тѣмъ, что, представляя собою послѣднюю великопостную службу, она сразу переходитъ въ свѣтлую пасхальную утреню, усиливая контрастъ между оканчивающеюся Четыредесятницей и начинающеюся Пятидесятницей, Пасхой и Великой субботой. Она—послѣднее напоминаніе объ умершемъ Христѣ, послѣднее мгновеніе пребыванія Его во гробѣ.

До ирмоса шестой пѣсни: „Ятъ бысть“, священники остаются у престола въ однѣхъ эпитрахиляхъ. Послѣ же того они вмѣстѣ съ діакономъ начинаютъ облачаться, какъ сказано въ уставѣ, „во весь свѣтлѣйшій санъ“, т.-е. во всѣ принадлежащія ихъ сану наилучшія священныя одежды.

Имѣющееся въ нашей церкви пасхальное облаченіе такъ восхищало меня въ дѣтствѣ, что безъ него я не могъ себѣ представить Пасху. Этотъ царь праздниковъ былъ для меня какъ бы живымъ существомъ, одѣтымъ въ пасхальное облаченіе, своего рода порфиру. Оно состояло изъ священническихъ и діаконскихъ одеждъ одинаковаго покроя: желтой съ серебряными нитями и золотымъ позументомъ парчи, по которой темномалиновымъ бархатомъ былъ вытканъ причудливый узоръ, сплетавшій во всевозможныхъ сочетаніяхъ и очертаніяхъ дубовые листья, мелкіе и крупные, прямые и завитые, въ одно цѣлое съ вѣтками и орѣхами. Такого облаченія, кромѣ нашего села, я нигдѣ не встрѣчалъ и оно казалось мнѣ до послѣдняго времени верхомъ совершенства.

При пѣніи послѣдняго ирмоса канона священнослужители выходили сквозь царскія двери на средину храма къ плащаницѣ и, по троекратномъ кажденіи вносили на головахъ въ алтарь, полагая на престолъ, гдѣ она, знаменуя пребываніе Воскресшаго Христа въ продолженіи 40 дней среди учениковъ, должна была оставаться до Вознесенія.

За полунощницей слѣдовалъ крестный ходъ. Поднимались со своихъ обычныхъ мѣстъ иконы, хоругви и становились среди храма противъ сѣверныхъ дверей. Сюда же сходили съ клироса и пѣвчіе. Духовенство въ полномъ облаченіи выходило изъ царскихъ дверей съ пѣніемъ:

— „Воскресеніе Твое, Христе Спасе... Ангели поютъ на небеси.

— „И насъ на земли сподоби,—продолжалъ хоръ, идя за иконами, и уже въ дверяхъ заканчивалъ:

— „Чистымъ сердцемъ Тебе славити“.

Впереди несли зажженный фонарь, потомъ запрестольный крестъ, за нимъ хоругви, иконы. Далѣе шли пѣвчіе, псаломщики съ горящими подсвѣчниками, діаконъ со свѣчей и кадиломъ, папа съ евангеліемъ у груди, старшій священникъ съ крестомъ и трисвѣчникомъ. За духовенствомъ шла несмѣтная толпа народа, зажигавшая на пути свѣчи въ рукахъ. Все это изъ освѣщеннаго храма вступало вдругъ въ глубокую мглу ночи, разрѣзаемую какъ бы крылами ангеловъ или молніями, пылавшими кругомъ храма плошками.

Если я оставался внутри храма, что бывало гораздо чаще, такъ какъ боялись, что я простужусь или меня раздавятъ: то я дѣлалъ здѣсь слѣдующія наблюденія.

Изъ оконъ я видѣлъ поспѣшно движущіяся (въ противоположность Великой субботѣ, когда крестный ходъ медленно обходилъ теплую церковь) хоругви и копошащуюся тысячеголовую массу народа съ безчисленными огоньками въ рукахъ, напоминавшими рой эльфовъ или свѣтлячковъ Ивановой ночи.

По выходѣ крестнаго хода посреди опустѣвшаго храма противъ отворенныхъ царскихъ дверей и праваго престола, ставилась жаровня съ горящими углями въ которую не жалѣя сыпали ладану, распространявшаго по всѣму храму благоуханіе. Кромѣ того, сторожа зажигали люстры, паникадила, свѣчи въ алтарѣ и другихъ мѣстахъ, чтобы по возвращеніи крестнаго хода изъ притвора въ храмъ, сразу же ослѣпить яркимъ свѣтомъ пришедшихъ изъ ночной темноты людей.

Возвращенія крестнаго хода, однако, приходилось ждать долго, такъ какъ онъ задерживался въ притворѣ первымъ прославленіемъ Воскресшаго.

Когда мнѣ удавалось, благодаря теплой погодѣ и собственной храбрости, принять участіе въ крестномъ ходѣ, я имѣлъ въ виду, главнымъ образомъ, двѣ цѣли: посмотрѣть иллюминацію, которая, со введеніемъ у насъ фейерверковъ стала особенно интересной, и пережить начальный моментъ встрѣчи Пасхи, какъ бы увидѣть самого Воскресшаго Христа при первомъ пѣніи въ притворѣ тропаря: „Христосъ Воскресе".

Держась возлѣ папы, я шелъ, наслаждаясь пѣніемъ стихиры: „Воскресеніе Твое Христе Спасе", видомъ хоругвей, другихъ несомыхъ святынь и густой толпы народа, каждое отдѣльное лицо которой было озарено съ боку ближайшей плошкой, а снизу собственноручной свѣчкой. Во все время, пока двигался ходъ, стоялъ несмолкаемый „красный звонъ", восполнявшій собою, какъ бы оркестровой музыкой, общую красоту момента. Все это полуночное шествіе вызывало въ моемъ воображеніи картину не только путешествія ко гробу женъ-мироносицъ и апостоловъ, но и воскресенія мертвыхъ, которое, по словамъ и глубокому убѣжденію папы, тоже должно будетъ совершиться ночью.

По вступленіи крестнаго хода въ притворъ, иконы останавливались у западныхъ, затворенныхъ наглухо, вратъ, а передъ ними — духовенство, съ пѣвчими по сторонамъ.

Взявъ у діакона кадилс и держа въ лѣвой рукѣ крестъ съ трисвѣчникомъ, о. Аѳанасій кадилъ отдѣльно каждой иконѣ, потомъ папѣ и всему народу, и затѣмъ возглашалъ:

— „Слава Святѣй Единосущнѣй, Животворящей и Нераздѣлимѣй Троицѣ"...

— „Аминь",—отвѣчалъ хоръ.

И помолчавъ нѣсколько секундъ, какъ бы желая еще болѣе усилить вниманіе предстоящихъ, онъ запѣвалъ вмѣстѣ съ папой и діакономъ:

— „Христосъ воскресе изъ мертвыхъ"...

Это былъ моментъ, котораго многіе ждутъ цѣлый годъ и ради котораго исключительно, съ опасностью для здоровья, участвуютъ въ крестномъ ходѣ. Невыразимая радость этого момента, когда послѣ продолжительнаго великаго поста, послѣ долгихъ службъ, поста и поклоновъ, послѣ черныхъ облаченій и печальныхъ напѣвовъ, вдругъ, при яркомъ блескѣ свѣчъ, въ блестящемъ облаченіи съ фантастическимъ узоромъ, слышишь долгожданное „Христосъ воскресе", можетъ быть сравниваемъ развѣ только съ сладостью „перваго поцѣлуя".

Три раза пѣли этотъ тропарь духовенство, столько же разъ повторили его и пѣвчіе, и при каждомъ разѣ, какъ пѣло этотъ тропарь духовенство, раздавался пушечный грохотъ. Затѣмъ священно-служащими возглашались стихи: „Да воскреснегъ Богъ" и пр. на каждый изъ которыхъ хоръ отвѣчалъ пѣніемъ: „Христосъ воскресе"...

Радость этого момента была однажды омрачена для меня тѣмъ, что мой парадный костюмчикъ, который я такъ любилъ и жалѣлъ надѣвать, кромѣ особо торжественныхъ случаевъ, обкапалъ кто-то изъ стоявшихъ по близости ребятъ воскомъ. Я замѣтилъ это, когда уже на рукавѣ моей темно-синей бархатной курточки выступили бѣлыя восковыя пятна. Мнѣ до слезъ стало жаль тогда своего костюмчика.

Наконецъ, духовенство послѣдній разъ запѣвало:

— Христосъ воскресе изъ мертвыхъ, смертію смерть поправъ.

Въ это время западныя врата храма широко распахивались и, при пѣніи хора:

— „И сущимъ во гробѣхъ, животъ даровавъ“. крестный ходъ вступалъ, въ наполненный ароматомъ ѳиміама, ярко освѣщенный множествомъ большихъ и маленькихъ свѣчъ, блестѣвшій вычищеннымъ серебромъ подсвѣчниковъ, люстръ и горѣвшій золотомъ окладовъ на иконахъ, храмъ.

3.

Продолженіе.

Послѣ великой ектеніи, духовенство въ алтарѣ начинало канонъ. Стоя прямо предъ престоломъ и такъ же, какъ въ притворѣ, держа лѣвой рукой крестъ и трисвѣчникъ, а правой кадило, о. Аѳанасій вмѣстѣ съ папой, стоявшимъ съ праваго боку престола, и діакономъ, который съ огромною свѣчею въ рукѣ, находился за престоломъ, лицомъ къ народу, запѣвалъ торжественно и протяжно:

— „Воскресенія день“.

Въ это время надъ моимъ ухомъ, потрясая все существо, грохотала пушка, а правый хоръ въ ту же секунду весело подхватывалъ:

— „Просвѣтимся людіе“... и пѣлъ этотъ ирмосъ до конца.

Лѣвый хоръ повторялъ весь ирмосъ отъ начала. Затѣмъ, съ припѣвомъ каждый разъ: „Христосъ воскресе изъ мертвыхъ“... слѣдовали тропари: „Очистимъ чувствія“... и др., изъ которыхъ съ удвоеннымъ удовольствіемъ выслушивался любимый мною: „Небеса убо достойно да веселятся“, при чемъ я отчетливо различалъ удалой теноръ нашего клироснаго соловья Игната Макарыча и похожій тембромъ на гусли дискантъ одного старика, даже по виду напоминавшаго гусляра.

О. Аѳанасій, предшествуемый діакономъ со свѣчей, кадилъ кругомъ престола, затѣмъ на иконы, а проходя мимо папы и насъ, стоявшихъ на правой сторонѣ алтаря, говорилъ намъ:

— Христосъ воскресе!

На что мы въ одинъ голосъ, крестясь, отвѣчали:

Воистину воскресе!

Подобнымъ образомъ совершалось кажденіе иконостаса, клиросовъ и всего народа съ амвона. Потомъ о. Аѳанасій и діаконъ входили другими отворенными также царскими дверями въ алтарь, кадили кругомъ лѣваго престола и привѣтствовали стоявшій со всѣхъ сторонъ, кромѣ одной—по направленію къ царскимъ дверямъ—народъ тѣми же самыми краткими, но полными радости, словами:

— Христосъ воскресе! въ отвѣтъ на что и оттуда неслось единодушное:

— Воистину воскресе!

Такъ же совершалось кажденіе и всего храма, послѣ чего о. Аѳанасій съ діакономъ возвращались въ алтарь, правыми царскими дверями. Кадило подавалъ и принималъ нарочито приставленный къ этому дѣлу „Ѳедоръ Ѳедорычъ“, зажиточный прихожанинъ; служившій въ конторѣ нашего завода. Трисвѣчникомъ завѣдывалъ тоже одно изъ наиболѣе вліятельныхъ лицъ нашего прихода—Семенъ Степанычъ Карасевъ, рыботорговецъ. Этихъ двухъ представителей нашего общества можно было видѣть въ алтарѣ только за пасхальною службой, и это ихъ присутствіе въ алтарѣ, казалось, еще болѣе усиливало торжество.

Послѣ первой пѣсни канона, какъ и послѣ каждой слѣдующей, возглашалась малая ектенія.

Вторую (по ирмологію—третью) пѣснь, какъ первую и всѣ послѣдующія, опять начинало въ алтарѣ духовенство, причемъ кадить на этотъ разъ уже долженъ былъ папа.

Запѣвомъ служили начальныя слова ирмоса:

— „Пріидите пиво піемъ новое“.

При этомъ раздавался новый оглушительный залпъ изъ пушки.

Между второй и третьей (3 и 4) пѣснями канона лѣвый хоръ пѣлъ:

— „Предварившія утро я же о Маріи"...

Третья (4-я) пѣснь начиналась словами:

— „На божественной стражи".

Четвертую (5-ю) пѣснь запѣвали такъ:

— „Утренюемъ утреннюю глубоку".

Пятую (6-ю):

— „Снизшелъ еси въ преисподняя земли".

Затѣмъ былъ нѣкоторый перерывъ въ исполненіи канона, когда пѣли кондакъ: „Аще и во гробъ", икосъ, „Еже прежде солнца", „Воскресеніе Христово" трижды и столько же разъ „Воскресъ Іисусъ отъ гроба".

Вслѣдъ за тѣмъ начинали „седьмую" (по порядку 6-ю) пѣснь канона:

— „Отроки отъ пещи избавивый".

Далѣе „восьмую"—словами особенно мною любима-го—ирмоса:

— „Сей нареченный и святый день".

„Девятую" пѣснь ирмосомъ, который служитъ „Свѣтися, свѣтися". запѣвали тремя начальными словами припѣва:

— „Величитъ душа моя". дальнѣйшій текстъ кото-раго: „воскресшаго тридневно отъ гроба, Христа Жизнодавца" оканчивался хоромъ. Каждый запѣвъ сопровождался пушечнымъ выстрѣломъ, на каждой пѣсни совершалось кажденіе, то о. Аѳанасіемъ, то папой,—по-очереди.

Послѣ „девятой" пѣсни и малой ектеніи гасились свѣчи, въ то время какъ на клиросахъ троекратно исполняется экзапостилларій: „Плотію уснувъ".

Особымъ протяжнымъ напѣвомъ, заключавшимъ въ себѣ какую-то особую „малиновую" сладость.

Наступалъ трогательнѣйшій моментъ „христосованія".

Послѣ стихиръ, „на хвалитехъ", предваряемыхъ пѣніемъ „Всякое дыханіе", духовенство становилось за престоломъ лицомъ къ народу: о. Аѳанасій и папа съ крестами въ рукахъ, діаконъ съ Евангеліемъ, псаломщики съ иконами, которыя брались для хожденія по приходу, и всё въ разъ запѣвали:

— „Да воскреснетъ Богъ и расточатся врази его“...

Въ это время гремѣла пушка, а хоръ торжественно и радостно пѣлъ первую пасхальную стихиру:

— „Пасха священная“...

Такъ же запѣвались, сопровождаясь пушечною пальбою и другія стихиры, въ томъ числѣ любимая мною, какъ никакая другая:

„Пасха красная“...

Наконецъ, при пѣніи: „Воскресенія день“, со словъ: „и другъ друга обымемъ, рцемъ братіе“... вся церковь, какъ одинъ человѣкъ, сливалась въ общій братскій поцѣлуй. Каждый христосовался не только съ своимъ родственникомъ или другомъ, но и чужимъ, даже врагомъ. Духовенство лобызало другъ у друга святыни и христосовалось между собой внутри алтаря, цѣлуясь, кромѣ того, и съ нами мальчиками, и прочими, стоявшими въ алтарѣ лицами. Похристосовавшись съ священниками, діакономъ и псаломщиками, мы цѣловались другъ съ другомъ: я, Павлуша, Ваня и др., передавая изъ рукъ въ руки крашеныя яйца. Въ это время многократно повторялось на обоихъ клиросахъ:

— „Христосъ воскресе“...

Христосованье — тоже одинъ изъ остатковъ первохристіанской древности и любви. Къ сожалѣнію, какъ и многое другое, онъ постепенно выводится изъ церковной практики, замѣняясь, то цѣлованіемъ рукъ у дамъ, то простымъ поздравленіемъ съ праздникомъ. Когда мнѣ, годъ тому назадъ, пришлось быть въ Успенскомъ соборѣ за пасхальной утреней, я былъ весьма огорченъ тѣмъ, что никто со мной, какъ не знакомымъ, по мірскимъ отношеніямъ, человѣкомъ, не похристосовался, никто не сказалъ мнѣ этого всерадостнаго привѣта:

— „Христосъ воскресе“, — какъ я привыкъ слышать въ годы своего дѣтства почти отъ всякаго знакомаго и незнакомаго, и мнѣ въ свою очередь некому было отвѣтить взаимнымъ привѣтомъ: „Воистину воскресе“!

Наоборотъ, въ 1905 году, когда былъ объявленъ конституціонный манифестъ 17 октября, на улицахъ Москвы всѣ поздравляли другъ друга и, не разбираясь. кто съ кѣмъ знакомъ или незнакомъ. цѣловались. Должно быть ужъ, центръ тяжести перемѣстился съ религіозной жизни въ какую то иную область, политическую или общественную.

Послѣ христосованья читалось огласительное слово св. Іоанна Златоуста, полное свѣтлой радости и торжества.

Недѣльный священникъ, по большей части о. Аѳанасій, выходилъ на амвонъ и своимъ пѣвучимъ голосомъ произносилъ:

— „Христосъ воскресе!"

Церковь какимъ-то слитымъ гуломъ отвѣчала:

— Вввссс...

— „Аще кто благочестивъ и боголюбивъ"... начиналъ о. Аѳанасій (или папа): „да насладится сего добраго и свѣтлаго торжества".

Меня особенно трогали. но по-разному, два выраженія изъ этого слова. Одно:

— „Никтоже да рыдаетъ убожества, явибося общее царство", трогало потому, что живое конкретное воплощеніе этой мысли - фразы я наблюдалъ съ вечера въ той кучкѣ нищихъ, что сидѣла у калитки нашего сада. Всегда вздыхающіе и жалующіеся, эти люди чувствовали себя въ эту ночь столь же счастливыми, какъ и первые богачи...

Второе мѣсто. приводившее меня въ восторгъ. читалось такъ: —

„Никтоже да убоится смерти, свободи бо всѣхъ Спасова смерть", и особенно торжественная по смыслу фраза: „Гдѣ твое, смерте. жало, гдѣ твоя, аде, побѣда". Я готовъ былъ прыгать отъ ощущенія, что смерти больше нѣтъ и что я не могу уже теперь умереть, чего я въ дѣтствѣ такъ страшно боялся.

Послѣ слова Златоуста и тропаря въ честь этого святаго витіи, вся несравненная красота рѣчи котораго особенно живо чувствовалась именно въ этомъ словѣ. послѣ двухъ ектеній, слѣдовалъ отпустъ и пасхальная утреня заканчивалась, при громоподобномъ выстрѣлѣ изъ трехъ пушекъ.

Вслѣдъ за утреней служились пасхальные часы, состоящіе изъ однихъ и тѣхъ же пѣснопѣній во славу Воскресшаго.

Вся эта утреня съ ея внѣшней иллюминаціей и обильнымъ свѣтомъ внутри храма, съ крестнымъ ходомъ и краснымъ звономъ, благовоніемъ ѳиміама и громомъ пушекъ, радостными запѣвами и веселыми напѣвами, трисвѣчникомъ и частымъ кажденіемъ, красно-малиновымъ облаченіемъ и все время открытыми царскими дверями, полнымъ братской любви христосованьемъ и торжественнымъ словомъ Златоустаго—получала въ моемъ сознаніи видъ какой-то сплошной фееріи, неземного торжества, блестящаго духовнаго бала („пира вѣры“—по выраженію Златоустаго). И какъ шло къ этому торжеству, какъ точно отвѣчало этому впечатлѣнію содержаніе моего любимаго ирмоса:

> „Сей нареченный и святый день,
> „Единъ субботъ царь и Господь,
> „Праздниковъ праздникъ,
> „И торжество есть торжествъ,
> „Въ оньже благословимъ
> „Христа во вѣки“.

Да, пасхальная служба, особенно утреня перваго дня, это ничто иное, какъ отблескъ рая, земной прообразъ небеснаго блаженства, заря безвечерняго дня царства Христова.

При всей своей торжественности, пасхальная литургія, служившаяся тотчасъ послѣ утрени, выслушивалась мною не съ такимъ вниманіемъ, какъ утреня. Во все продолженіе утрени я не чувствовалъ ни усталости, ни дремоты. Наоборотъ, во время литургіи мнѣ стоило большихъ усилій, чтобы не упасть. До евангелія, чтеніе котораго сопровождается большою особенностью,—участіемъ въ этомъ чтеніи всѣхъ священнослужителей. — стоишь, бывало, еще довольно бодро, но, какъ только прочтутъ послѣдній стихъ:

— „Яко законъ Моисеомъ данъ бысть, благодать же и истина Іисусъ Христомъ бысть“,—при чемъ три раза трахнутъ изъ пушки, такъ и начнетъ одолѣвать дремота до самаго концерта, какъ за обѣдней въ Великую субботу: и носомъ клюешь, и шатаешься во всѣ стороны. Да и службы почти не слышишь. На умъ приходятъ мысли о пасхѣ, куличѣ и пр. вкусныхъ снѣдяхъ близкаго пасхальнаго стола. Лишь какіе-нибудь особые моменты. напримѣръ, пѣніе „Ангелъ вопіяше“, рѣдкіе во время обѣдни удары пушекъ и особенно утренній разсвѣтъ. замѣчаемый по блѣдной окраскѣ восточнаго края небосклона, на самое короткое время приводили въ чувство, послѣ чего слѣдовало еще болѣе глубокое погруженіе въ дремоту.

Разсвѣтъ, между прочимъ, дѣйствовалъ на меня ободряющимъ образомъ, потому что въ самомъ раннемъ дѣтствѣ я слышалъ отъ бабушки такой, сильно повліявшій на меня. разсказъ. Случилась однажды Пасха и Благовѣщеніе въ одинъ день, какъ это было въ 1912 году.

Духовенство забыло отправить вмѣстѣ съ пасхальной. какъ положено по уставу, благовѣщенскую службу. И вотъ, когда кончилась обѣдня, пропѣли послѣдній разъ: „Христосъ воскресе“, свѣта все нѣтъ и нѣтъ, небо. какъ въ полночь, темно.

Тогда только и вспомнили, что нужно было воздать честь и Благовѣщенью. Стали служить опять сначала всю утреню и обѣдню. Въ свое время показался разсвѣтъ и все кончилось благополучно. Маленькій я вполнѣ вѣрилъ этому разсказу и каждую пасху боялся, что не разсвѣтаетъ: забудутъ, думалъ я, опять что-нибудь пропѣть или сдѣлать.

Поэтому когда я замѣчалъ на восточной сторонѣ горизонта первый проблескъ утра, я радовался, и на нѣкоторое время освобождался изъ-подъ тягостнаго гнета дремоты.

Конечно, эта дремота объяснялась психологически и физіологически тѣмъ, что радость первой встрѣчи уступала мѣсто первому утомленію отъ долгаго ожиданія, словомъ, реакціей послѣ предшествующаго великопостнаго напряженія.

При пѣніи Ведѣлевскаго концерта: „Да воскреснетъ Богъ"... я окончательно просыпался и конецъ литургіи съ многократнымъ повтореніемъ тропаря „Христосъ воскресе"... выстаивалъ и выслушивалъ безъ малѣйшей сонливости. Послѣ отпуста читалась общая молитва на освященіе пасохъ и куличей, и всѣ прикладывались ко кресту. Народъ стѣною подходилъ ко кресту съ пасхами и куличами въ рукахъ. При этомъ часто случались курьезныя происшествія. Одному, напримѣръ, ногою раздавятъ пасху, другому свѣчою подпалятъ сзади волосы, третьему, какъ это случилось на моихъ глазахъ съ купцомъ Кокинымъ, притиснутые толпой къ иконостасу, не видя себѣ иного выхода, бросались въ растерянности, вмѣстѣ съ своими скоромными узелками, въ царскія двери.

Приложившись къ кресту, я и Павлуша выходили изъ храма на просторъ свѣжаго воздуха. Впереди стоялъ нашъ домъ, выглядѣвшій, какъ и всѣ дома нашего села, въ это утро какъ-то по особенному празднично, справа алѣлъ востокъ, на свѣтломъ фонѣ котораго вырисовывался силуэтъ темной, похожей на маленькій кораБликъ, церкви, а сзади, какъ бы провожая выходящій изъ храма народъ, весело трезвонили колокола и неслись сквозь окна и двери послѣдніе звуки пасхальнаго тропаря „Христосъ воскресе". На душѣ было такъ свѣтло и радостно, что, кажется, готовъ былъ бы обнять весь міръ и цѣлую вѣчность стоять тутъ подъ окнами храма, и слушать, подъ аккомпаниментъ колоколовъ эти сладкіе звуки: ,

— „Христосъ воскресе... Христосъ воскресе... Христосъ воскресе"...

4.

Пушки.

Неотъемлемую принадлежность пасхальнаго богослуженія перваго дня составляли пушки. Не сказать о нихъ подробно значило бы вычеркнуть цѣлую страницу изъ воспоминаній дѣтства.

Теперь, конечно, я не боюсь ни пушекъ. ни грозы, ни пожаровъ, ни многаго другого, чего я боялся въ дѣтствѣ, и чѣмъ меня тогда дразнили мои товарищи, но въ то время пушки наводили на меня такой же паническій страхъ, какъ и грозы, хотя, подобно послѣднимъ. полны были для меня и своеобразнаго величія.

Отношеніе къ пушкамъ было различное.

Папа пушки терпѣть не могъ. Потому ли, что онъ боялся за маму, которая, вслѣдствіи слабости сердца, пугалась ихъ, потому ли, что самъ испытывалъ нѣкоторый страхъ, — только онъ равнодушно слышать не могъ. когда ему напоминали о пушкахъ и всегда закладывалъ уши ватой. отправляясь въ церковь на Пасху.

Наоборотъ, о. Аѳанасій пушки любилъ и, стоя у престола, видимо наслаждался, прислушиваясь къ ихъ оглушительнымъ стеклозвоннымъ выстрѣламъ.

Братъ мой, можно сказать, обожалъ пушки. въ то время какъ сестры относились къ нимъ довольно безразлично.

Но главными любителями пушекъ были, конечно, прихожане, по преимуществу рабочіе нашего завода. Они и пушки отливали. и пороху накупали. и пушкарямъ платили въ складчину. Ихъ не останавливали ни разные печальные случаи. происходившіе отъ стрѣльбы, какъ въ нашемъ селѣ. такъ и въ окрестныхъ селахъ, доходившіе до убійства—отъ разрыва орудія. ни распоряженія начальства, запрещавшаго на пасху пушечную пальбу. Не такъ давно отъ пушки во время репетиціи, за пять часовъ до Святой утрени. сгорѣла часть завода,—наши прихожане не унываютъ и хотя на пожарѣ готовы были растерзать виновниковъ несчастія, спустя одну только Пасху. сами пригласили прежнихъ пушкарей.

Но, главнымъ образомъ, эта любовь къ пушкамъ была сосредоточена въ двухъ лицахъ: Алешѣ — дурачкѣ, утащившемъ, какъ было разсказано выше, пушку въ свою деревню и спрятавшемъ ее подъ хворостъ и въ первомъ пушкарѣ — Козлѣ, о которомъ будетъ рѣчь ниже.

Пушки отливались на нашемъ заводѣ задолго до Пасхи въ количествѣ отъ двухъ до четырехъ и соблюдались на барскомъ дворѣ подъ охраной.

Вечеромъ Великой субботы пушки выкатывались со двора къ рѣкѣ, гдѣ ихъ обступала толпа взрослыхъ и ребятъ, и начиналась пробная пальба. Чѣмъ дальше шло время тѣмъ болѣе усиливалась канонада; пушки по оврагу, идущему отъ завода до церкви, въ сторонѣ отъ проѣзжей дороги, медленно катились къ селу и на каждой остановкѣ палили Наконецъ, къ самому благовѣсту ихъ подкатывали къ церкви и установивъ у южной стороны алтаря, троекратнымъ ударомъ возвѣщали начало благовѣста.

Сначала своимъ дуломъ онѣ были обращаемы на южную сторону въ оврагъ, затѣмъ по мѣрѣ того, какъ служба продолжалась, ихъ дула поворачивались все лѣвѣе и лѣвѣе, пока не становились параллельно алтарю, т.-е. не вытягивались на востокъ. Но и это казалось недостаточнымъ. Сдѣлавъ нѣсколько выстрѣловъ на востокъ, ихъ круто поворачивали на алтарь и били прямо въ окна и стѣну. Заряды были различные отъ $\frac{1}{8}$ до $\frac{1}{2}$ фунта.

Окна въ алтарѣ, да и на всей южной сторонѣ церкви, звенѣли и дребезжали, какъ-будто по рамамъ колотили палкой. Когда на другой день мы ходили собирать кругомъ церкви плошки, мы видѣли слѣды пальбы не только на землѣ, усыпанной пороховымъ пепломъ и остатками отъ сдѣланныхъ изъ пакли и тряпокъ пыжей, но и на алтарной стѣнѣ храма, которая во многихъ мѣстахъ бывала контужена.

Я помню даже случай, когда пушечный пыжъ влетѣлъ сквозь отворенное окно въ алтарь и, счастливо проскочивъ между престоломъ и стоявшимъ отъ него съ правой стороны папой, ударился въ стѣну алтаря около жертвенника.

Отъ такихъ поворотовъ и установокъ пушекъ, онѣ, подъ конецъ службы, должны были бы становиться невыносимо оглушительными, но ужъ выработавшаяся привычка ихъ слышать и истощавшіеся мало-по-малу пороховые запасы, позволявшіе дѣлать лишь небольшіе заряды, смягчали силу ударовъ.

Кромѣ отмѣченныхъ выше моментовъ, изъ пушекъ стрѣляли при пѣніи: „Плотію уснувъ“..., въ началѣ литургіи и чтеніи Евангелія, на Великомъ выходѣ, также при пѣніи „Ангелъ вопіяше“..., во время концерта и на концѣ обѣдни.

Большинство выстрѣловъ было разовыхъ. Однако, нѣкоторые удары, напримѣръ, въ началѣ службы производились въ утроенномъ числѣ, а въ концѣ литургіи палили залпомъ всѣ пушки заразъ.

Главнымъ пушкаремъ былъ, какъ сказано, Васька Козелъ, или просто Козелъ. Пушки безъ Козла, какъ и Козелъ безъ пушекъ, въ моемъ дѣтскомъ воспоминаніи такъ же не представимы, какъ рѣка безъ береговъ или садъ безъ деревьевъ.

Сначала это былъ самый обыкновенный рабочій нашего завода. Отличаясь буйной и вмѣстѣ нѣжной натурой, онъ до безумія любилъ и въ то же время колотилъ свою жену, особенно когда ему приходилось напиваться до безчувствія, что съ нимъ случалось нерѣдко. Побоями онъ, наконецъ, довелъ жену до того, что она убѣжала отъ него и, неизвѣстно куда, исчезла.

Оставшись соломеннымъ вдовцомъ, онъ отдался безпросыпному пьянству, сдѣлался забулдыгой, т.-е. безнадежнымъ алкоголикомъ, и пугаломъ, которымъ стращали маленькихъ ребятъ, когда мы капризничали или слишкомъ шумѣли, намъ говорили:

— Козелъ идетъ, Козелъ идетъ!—и мы мгновенно переставали плакать и утихали.

Вся внѣшность его была какая-то разбойническая, внушавшая намъ, дѣтямъ, непреодолимый ужасъ, особенно страшны были у него глаза, налитые кровью. Козломъ его звали потому, что его фамилія была „Козловъ“, а самая фамилія въ свою очередь объяснялась типичной козлиной бородой, свисавшей подъ подбородкомъ жесткими прядями у всѣхъ, извѣстныхъ мнѣ, представителей этой фамиліи мужского пола.

Всю свою нѣжность и любовь, по уходѣ и исчезновеніи жены, Козелъ перенесъ на пушки. Каждую изъ нихъ онъ ласкалъ, какъ человѣка: гладилъ, цѣловалъ, называлъ не иначе, какъ:

— Матушка и голубушка!

Нужно отдать ему справедливость: стрѣлкомъ онъ былъ отличнымъ, мастеромъ своего дѣла, въ полномъ смыслѣ слова. Ни разу при немъ не случилось никакого несчастья ни съ пушкой, ни съ людьми, во множествѣ окружавшими его всякій разъ, какъ онъ стрѣлялъ на Пасху Однажды только онъ контузилъ себя самого въ правую ногу, которою онъ вздумалъ было подтолкнуть фитиль, чтобы тотъ скорѣе горѣлъ.

Послѣ обѣдни онъ обходилъ обыкновенно дома духовенства, выпивая по чаркѣ водки. Не бывалъ онъ лишь у насъ, такъ какъ зналъ и про нелюбовь папы къ пушкамъ и про то, что въ нашемъ домѣ не подносятъ вина. Послѣ обхода села онъ укатывалъ пушки назадъ на барскій дворъ, гдѣ онѣ оставались стоять до будущей пасхи, если не переливались, по его указанію, новыя.

Другимъ лицомъ, тѣсно связаннымъ въ моемъ воспоминаніи съ пасхальными пушками выступаетъ „Кузьма Спиридонычъ".

Въ противоположность Козлу, онъ отличался степеннымъ, смирнымъ характеромъ и кроткой овечьей физіономіей, за что Козелъ (и только онъ одинъ, такъ какъ Кузьма Спиридонычъ пользовался всеобщимъ уваженіемъ не только за свой характеръ, но и зажиточность) назвалъ его въ противоположность самому себѣ, какъ бы въ отместку за свое прозвище— „Овцой".

Нѣкоторое время Кузьма Спиридонычъ былъ сторожемъ нашего храма. Обязанность свою онъ выполнялъ съ безукоризненной аккуратностью. Но у него были двѣ странности, придававшія его службѣ немного комическій характеръ.

Первая странность заключалась въ томъ, что онъ выражался о себѣ во множественномъ числѣ и будущемъ времени. Напримѣръ, приходя къ папѣ за ключами, онъ говорилъ:

— Батюшка, поблаговѣстимъ!

— А принося ключи и вѣшая ихъ на гвоздь, выражался:

— Ключи повѣсимъ!

Другой его странностью было стоять, на что-нибудь облокотившись, будь это стѣна или печка, колонна или аналой, окно или жаровня съ углями. Иногда предметъ, на который онъ облокачивался, напримѣръ, подсвѣчникъ, падалъ и производилъ стукъ, а нашъ невозмутимый Кузьма Спиридонычъ добродушно поднималъ его и, какъ ничего не случилось, по прежнему облокачивался, пока этотъ предметъ вторично не падалъ.

Еще была въ вемъ одна смѣшная черта. Бывая въ церкви, онъ всегда становился на лѣвый клиросъ. Не имѣя музыкальнаго слуха, онъ нестерпимо, для стоящихъ близъ него пѣвчихъ, полутонилъ, и никогда не замѣчалъ своего недостатка.

Вотъ съ этимъ лицомъ и случился однажды такой казусъ, который навсегда связалъ его личность въ моемъ воспоминаніи съ пасхальною пушкой.

Кузьма Спиридонычъ не былъ въ тотъ годъ сторожемъ и, потому, безпрепятственно могъ становиться на клиросъ. Чтобы деликатнымъ образомъ удалить его съ лѣваго клироса, его пригласили на правый, гдѣ онъ никогда не дерзалъ пѣть и даже становиться, и давали ему почетную, въ виду расположенія населенія къ пушкамъ, роль сигнальщика. Обязанность послѣдняго заключалась въ томъ, чтобъ изъ окна въ нужный моментъ подавать пушкарямъ свѣчей знакъ, по которому можно было бы палить.

И вотъ, когда настало время пѣть „Да воскреснетъ Богъ" и вмѣстѣ трахнуть изъ пушки, Кузьма Спиридонычъ выставился со свѣчкой въ окно не только рукой, но и всей своей овечьей физіономіей.

Пушка какъ разъ была направлена жерломъ на окно. Выстрѣлъ получался необычайно сильный. Стекла въ окнѣ не только затрещали, какъ всегда, но и раскололись вдребезги, осыпавъ осколками и безъ того все опаленное лицо переусердствовавшаго сигнальщика.

Когда я послѣ утрени, вышелъ изъ алтаря на клиросъ, то увидѣлъ слѣдующую картину:

Кузьма Спиридонычъ стоялъ среди праваго клироса. Вся физіономія его была окровавленной, опухшей и въ ссадинахъ. Но онъ только улыбался и. какъ мученикъ за общее дѣло, счастливо посматривалъ на окружающихъ. Своего поста онъ никому не уступалъ, и въ обѣдню продолжалъ давать сигналы, какъ будто катастрофа его совсѣмъ не касалась. Долго потомъ онъ залѣчивалъ свое лицо. пока оно не приняло прежняго выраженія.

Такъ любили въ нашемъ селѣ пушки и такъ дорого иногда обходилось это удовольствіе его любителямъ.

5.

Дома.

Отстоявъ безвыходно утреню и литургію, я и братъ возвращались изъ церкви, сестры приходили домой раньше. Каждый изъ насъ спѣшилъ прежде всего похристосоваться съ мамой, остававшейся дома и теперь дожидавшейся нашего возвращенія.

Подбѣгая къ мамѣ, я привѣтствовалъ ее.

— Христосъ воскресе!—и передавалъ лучшее изъ окрашенныхъ мною самимъ яицъ.

Она брала яйцо и говоря:

— Воистину воскресе!—цѣловала меня, въ отвѣтъ на что я обвивалъ ей своими рученками шею и нѣсколько разъ впивался своими губами въ ея губы, щеки и глаза. За эти мои глубокіе поцѣлуи. которые для нея не всегда были пріятными, по причинѣ ея слабости, она въ шутку называла меня „піявкой“.

— Отвяжись, піявка.—скажетъ бывало, мама и сама улыбнется, а я нарочно. еще глубже вопьюсь своими губами въ то или другое мѣсто ея полнаго лица и тотчасъ отскочу прочь. какъ настоящая піявка.

Послѣ мамы христосовались съ бабушкой. тетей Полей, приходившими къ намъ изъ своей „избушки“ разговляться за общимъ столомъ. съ няней и прислугой. Со всѣми мы обмѣнивались яйцами.

Спустя нѣсколько минутъ, приходили изъ церкви папа съ діакономъ, если была папина недѣля, и псаломщикомъ, за которыми несли образа „Хоругвь или Спасителя“, по мѣстному названію, оставляли внѣ дома, у юго-западнаго угла, соотвѣтствовавшаго переднему — внутри дома. Подъ него подстилали снопъ соломы или охапку сѣна. Остальныя иконы: Воскресеніе Христово, Крестъ и Божію Матерь вносили въ домъ и разставляли по стульямъ, при чемъ подъ крестъ и Божію Матерь ставились ведра съ крупой и ржаными зернами, въ которыя и погружались рукоятки отъ этихъ иконъ.

Служился пасхальный молебенъ. Пѣли ирмосы канона, читалось евангеліе. Діаконъ или папа кадилъ на домашнія и принесенныя изъ церкви иконы съ горѣвшими передъ ними свѣчами. Послѣ „Да воскреснетъ Богъ“ съ пасхальными стихирами и окончательнымъ „Христосъ воскресе“, всѣ христосовались съ папой и пр. духовенствомъ, церковнымъ сторожемъ, ходившимъ съ ящикомъ и собиравшимъ въ него ладанъ и свѣчи, съ „богоносцами“, т. е. носившими по домамъ иконы прихожанами и всѣмъ давали по яйцу.

Послѣ молебна мы прикладывались къ иконамъ, а папа освящалъ Святой водой куличи, пасхи и яйца, выставленныя на столѣ.

По обхожденіи съ иконами села, папа возвращался домой и мы принимались разговляться.

За столъ садились: папа, мама, сестры, Павлуша, бабушка, Поля, няня и я.

Сначала пробовали пасху и куличъ, которые въ большинствѣ случаевъ на мой вкусъ оказывались превосходными, хотя другіе этого и не находили, особенно папа, чаще всего замѣчавшій:

— Сахару много положено.

Но для меня, чѣмъ больше сахару, чѣмъ слаще пасха и куличъ, тѣмъ лучше.

Бабушка острила надъ миндалемъ, находимымъ ею въ пасхѣ и трудно пережевываемымъ, по отсутствію большей половины зубовъ.

— Пасха-то у васъ съ ногтями, а у насъ бывало, попросту, одинъ творогъ.

Послѣ пасхи и кулича, которыхъ, какъ бы своего рода священной снѣди, вкушали всѣ безъ исключенія, съѣдали, кто хотѣлъ, по яйцу, ломтику сыра, кусочку ветчины и др. закусокъ. Трапеза оканчивалась чаемъ, опять съ куличемъ, или другимъ домашнимъ печеніемъ.

Разговѣвшись, всѣ ложились отдыхать. Особенно отдыхъ былъ необходимъ папѣ, которому предстоялъ нелегкій трудъ цѣлодневнаго хожденія по приходу. Иногда, впрочемъ, онъ не отдыхая отправлялся на дѣло свое до вечера.

Когда умерла мама, у насъ вошло въ обычай разговляться въ барскомъ домѣ, куда и отправлялись послѣ обѣдни папа съ крестомъ и сестры, приглашенныя туда наканунѣ. Впрочемъ, этотъ обычай, какъ утвердившійся послѣ смерти мамы, случившейся въ то время, когда я уже былъ въ первомъ классѣ духовнаго училища, къ дѣтскимъ воспоминаніямъ не относится...

Хотя меня во время литургіи и тяготила дремота, но стоило мнѣ выйти на свѣжій воздухъ, придти домой и разговѣться, какъ вся моя сонливость разлеталась, какъ спуганная стая птицъ и я былъ свѣжъ, бодръ и подвиженъ, будто только всталъ послѣ глубокаго здороваго сна. И въ то время, какъ всѣ въ нашемъ домѣ были погружены въ спячку, мы съ няней шли смотрѣть, какъ „играетъ солнышко“.

Считаю нужнымъ сказать нѣсколько словъ о своей нянѣ, въ нѣкоторомъ отношеніи похожей на пушкинскую Родіоновну.

Звали ее Агафьей. Я же называлъ ее „бабушкой“, но въ отличіе отъ родной бабушки, папиной матери, всегда присоединялъ къ этому названію эпитетъ: „черненькой“. Послѣднее опредѣленіе объяснялось тѣмъ, что въ противоположность „бабушкѣ Марковнѣ“ (такъ я всегда звалъ въ дѣтствѣ свою родную бабушку), моя няня, несмотря на довольно преклонный возрастъ, имѣла черные, безъ одной сѣдинки, волосы и такіе же черные, какъ двѣ ягодки черемухи, маленькіе глаза.

Она мнѣ разсказывала сказки, трогавшія и пугавшія мое дѣтское воображеніе. Нѣкоторыя изъ ея сказокъ были настоящими перлами народнаго эпоса и, сколько я ни читалъ послѣ сказокъ, я не находилъ одинаковыхъ по содержанію съ тѣми, которыя мнѣ разсказывала бабушка-черненькая.

Когда я игралъ „въ службу“, т. е. надѣвалъ на себя, долженствовавшій изображать ризу, платокъ, отворялъ и затворялъ, именовавшіяся у меня „царскими“, двери изъ зала въ прихожую, махалъ, вмѣсто кадила, привязанной за нитку, крышечкой отъ чайника; на этой службѣ бабушка-черненькая всегда отправляла обязанности дьячка, пѣла „Господи помилуй“, „аминъ“ (а не „аминь“), подавала мнѣ „кадило“ и т. д.

Иногда она меня учила молитвамъ, кромѣ общецерковныхъ, и собственнаго, такъ сказать, изобрѣтенія. Напр., отъ кошмара или „отъ домового“, какъ она выражалась, бабушка-черненькая совѣтовала мнѣ читать:

— „Вракъ-сатана, откацнись отъ меня“ (какъ и многія деревенскія старухи, она вмѣсто „ч“ выговаривала „ц“ и потому, произносила, между прочимъ, „цай“, а не „чай“).

Бабушка-черненькая твердо вѣрила въ то, что утромъ Свѣтлаго воскресенія, единственный разъ въ году при своемъ восходѣ играетъ солнышко. Я въ то время вполнѣ раздѣлялъ ея вѣру.

Если была ясная погода, мы выходили на зада, гдѣ находилось гумно и нѣкоторыя другія хозяйственныя постройки, и пристально вглядывались въ только что поднимавшееся надъ горизонтомъ яркое весеннее солнце.

Отъ ослѣпительнаго блеска я невольно жмурилъ глаза и первое время ничего не видѣлъ. Но по мѣрѣ того, какъ мои глаза привыкали къ яркому свѣту, я различалъ на солнечномъ дискѣ точно какія-то волны разноцвѣтнаго огня, съ одного края переливавшіяся на другой, а подъ конецъ даже и само солнышко, весь его блескъ какъ-будто начиналъ прыгать передъ моимъ взоромъ, то вверхъ. то внизъ, то въ одну, то въ другую сторону.

— Ну, што? видѣлъ?—спрашивала меня няня.

— Вижу, вижу. А ты бабушка-черненькая видишь?

— И я вижу. Только глазами слаба больно стала, цуть-цуть ужъ вижу. А допрежъ этого я на соньцѣ. бывало, и гробъ Христовъ видала.

Но я, сколько ни старался, при всемъ своемъ воображеніи, гроба Христова на солнцѣ никогда не видалъ. Должно быть, фантазія у моей няни была богаче, чѣмъ у ея воспитанника.

Насмотрѣвшись вдоволь на играющее солнце, я спрашивалъ няню:

— Бабушка - черненькая, а почему. не знаешь ли, только сегодня играетъ солнышко?

— А потому и играетъ, что нонишній день—царь всѣмъ праздникамъ, краса всему году. нонѣ вся тварь радуется, какъ сказано въ писаніи.

Хотя въ писаніи это и не сказано, какъ я узналъ потомъ. но въ пасхальныхъ пѣснопѣніяхъ, дѣйствительно, поэтически изображается радость воскресенія такими чертами:

„Нынѣ вся исполнишася свѣта:
Небо же и земля, и преисподняя;
Да празднуетъ убо вся тварь
Востаніе Христово“...

Или какъ въ моемъ любимомъ тропарѣ:

„Небеса убо достоіно да веселятся,
Земля же да радуется,
Да празднуетъ же міръ,
Видимый же весь и невидимый,
Христосъ бо воста,
Веселіе вѣчное".

На основаніи подобныхъ выраженій, а, можетъ быть, и собственныхъ поэтическихъ переживаній пасхальнаго торжества и одновременныхъ углубленій въ красоту видимой природы, въ простомъ сердцѣ народа и сложилась вѣра въ то, что утромъ Свѣтлаго Христова воскресенія должно веселиться само солнце вмѣстѣ со всѣмъ небомъ и, ликующей подъ музыку колокольнаго звона, землею.

Когда солнце поднималось достаточно высоко и вся игра его прекращалась, а съ другой стороны наши глаза досматривались до зеленыхъ круговъ, мы отправлялись искать плошки кругомъ церкви. Къ намъ присоединялась „Поля", большая охотница до собиранія чего бы то ни было: грибовъ, ягодъ, еловыхъ шишекъ, старыхъ коробочекъ и, между прочимъ, плошекъ.

Втроемъ мы шли къ тѣмъ мѣстамъ, гдѣ наканунѣ стояли большія плошки, убранныя сторожами къ будущему году въ церковный подвалъ и внимательно осматривали прилегающую къ нимъ землю и камни. Маленькія плошки, какъ и большія, убирались сторожами, но далеко не всѣ. Часть ихъ разбивалась на мѣстѣ озорниками изъ заводскихъ мальчиковъ, другая уносилась домой маленькими воришками, третья разставлялась по могильнымъ камнямъ и разбрасывалась по землѣ. Послѣдняя часть предоставлялась сторожами въ распоряженіе сельской дѣтворы и мы набирали ихъ иногда около десятка. Въ первый разъ послѣ службы мы встрѣчались здѣсь съ Ваней, тоже иногда собиравшимъ плошки съ своими сестрами.

Собранныя плошки шли у насъ на разное употребленіе. Въ нихъ мы мѣсили пирожки изъ желтаго песку, пекли куличи изъ глины, дѣлали пасхи изъ известки. На Троицу мы готовили въ нихъ настоящую яичницу, которою угощали другъ друга.

Около того же времени начинался звонъ и мы, припрятавъ плошки куда-нибудь подальше, лѣзли на колокольню или шли домой провожать папу съ клиромъ въ приходъ. На колокольню, впрочемъ, мы предпочитали лазить на послѣднихъ дняхъ Пасхи, когда тамъ народу становилось меньше, въ первый же день Пасхи наша колокольня и безъ того осаждалась массой желающихъ позвонить и поскорѣй попасть туда.

6.

По приходу.

Все описанное мною въ пяти предшествующихъ главахъ имѣло мѣсто въ первый день Пасхи, а то, о чемъ и буду разсказывать дальше, распространялось на всю недѣлю.

Первое, о чемъ здѣсь слѣдуетъ вспомнить, было хожденіе по приходу. „Ходить по приходу“ значило сопровождать духовенство въ его обхожденіи домовъ прихожанъ со св. иконами, помогать ему въ пѣніи и получать за это соотвѣтствующую мзду, не превышавшую, впрочемъ, гривенника.

Разумѣется, въ хожденіи по приходу мы принимали участіе не изъ-за мзды, а ради удовольствія. По крайней мѣрѣ, про себя могу сказать, что меня больше интересовало пѣніе, чѣмъ собираніе копеекъ.

Ходить по приходу я началъ съ восьмилѣтняго возраста, продолжалъ все время, пока учился въ духовномъ училищѣ и кончилъ съ переводомъ меня въ семинарію. Павлуша же закончилъ хожденіе по приходу лишь послѣднимъ классомъ семинаріи передъ окончаніемъ курса.

Впрочемъ, отказаться отъ этого хожденія ему пришлось не надолго, такъ какъ черезъ годъ онъ самъ сталъ священникомъ.

Кромѣ меня и брата за духовенствомъ ходили: Ваня, Владиміръ и Сережа—дѣти діакона, послѣдніе двое, когда была папина Пасха и діаконъ обязанъ былъ ходить съ папой, какъ недѣльнымъ священникомъ, Коля и Вася, дѣти псаломщика, Лебедевы ходили съ о. Аѳанасіемъ по другой половинѣ прихода.

Мы, мальчики, ходили по приходу всего два раза, два праздника въ году: на Рождество и на Пасху. Но на Пасху мнѣ нравилось ходить больше, чѣмъ на Рождество.

Чарующее весеннее небо, радостное солнце, отъ блеска котораго ярко загораются металлическія части иконъ, теплый воздухъ, въ которомъ раздается пѣніе „Христосъ воскресе“ и т. д. все это суммировалось въ одну картину дивной красоты.

По домамъ знатныхъ прихожанъ: „къ барынѣ“, управляющему заводомъ, механику и т. п. лицамъ насъ не брали. Мы начинали свое хожденіе съ домовъ простыхъ рабочихъ.

Встрѣчали папу во всѣхъ домахъ одинаковымъ образомъ. У воротъ стоялъ, въ ожиданіи иконъ, домохозяинъ, держа въ рукахъ каравай чернаго хлѣба съ насыпанной на верхнюю корочку горстью соли. Пропустивъ въ избу иконы, онъ прикладывался къ кресту въ рукахъ папы и шелъ впереди всѣхъ въ горницу. Свой хлѣбъ онъ клалъ на стоявшій въ переднемъ углу, и покрытый чистою скатертью, столъ, на которомъ полагался такъ же папою крестъ и гдѣ лежали нѣсколько восковыхъ свѣчъ, щепотка ладану и приготовленныя за молебенъ деньги.

Свѣчи и ладанъ брались сторожемъ въ ящикъ, а деньги съ бряканьемъ опускались въ кружку черезъ прорѣзъ. Служился молебенъ, такой же, какъ и въ нашемъ домѣ послѣ литургіи, лишь съ опущеніемъ нѣкоторыхъ ирмосовъ и стихиръ.

Пока служился молебенъ, въ которомъ мы, мальчики, принимали участіе пѣніемъ, я обыкновенно окидывалъ глазами весь домъ, состоявшій обыкновенно изъ одной большой комнаты и другой маленькой, служившей спальней, отдѣленной перегородкою съ дверью. Каждый домъ былъ оклеенъ къ празднику новымъ свѣтлымъ обоемъ съ полосами и цвѣточками, картинами религіознаго содержанія среди, которыхъ преобладало „Воскресеніе Христово" въ различныхъ варіаціяхъ и „Св. Градъ Іерусалимъ" съ обозначеніемъ подъ нимъ цифрами особенно важныхъ пунктовъ. Въ переднемъ углу передъ образами, съ потолка свѣшивалось, кромѣ лампадки, расписанное яичко, искусно составленная изъ соломинокъ клѣтка, бумажная птичка или какое-нибудь другое украшеніе.

Скажу откровенно: видъ каждой, подобнымъ незатѣйливымъ образомъ, убранной избы съ ея лавками и русской печью, съ гнѣздившимися гдѣ-нибудь за печкой тараканами и кислымъ запахомъ хлѣба, мнѣ нравился тогда болѣе, чѣмъ нашъ домъ съ его большими комнатами и городскимъ убранствомъ: диванами, зеркалами, изразцовой печью и лампами на кронштейнахъ.

Послѣ молебна всѣ подходили къ кресту. Христосовались сначала съ папой и остальнымъ причтомъ, а потомъ нѣкоторые члены семьи и съ нами. Хозяинъ одѣлялъ насъ копейками, семитками, третками, рѣдко пятачками, я и Павлуша, какъ дѣти священника, получали иногда больше, чѣмъ другіе мальчики. По гривеннику намъ давали въ домахъ пяти не болѣ.

Въ нѣкоторыхъ домахъ, кромѣ молебновъ, служились водосвятія, всенощныя, панихиды, особенно, такъ называемая, „Хвала“. Послѣднимъ именемъ называлось пѣніе стиховъ въ честь Богородицы: „Высшую небесъ“. Хвала служилась на дворѣ, куда выносились и ставились лицомъ къ дому иконы. Я любилъ эту службу, — потому что она совершалась не въ душныхъ избахъ, а на открытомъ воздухѣ, пропитанномъ смѣшаннымъ запахомъ прѣлой соломы двора и ладаномъ кадила.

У наиболѣе зажиточныхъ хозяевъ всѣхъ насъ „присаживали“, т. е. предлагали угощеніе и чай: первое состояло изъ яицъ, кусками нарѣзаннаго мяса разныхъ сортовъ и другихъ снѣдей.

Чай пили съ сухарями или сигнымъ. Вина не ставили, такъ какъ знали, что папа вина не любитъ и самъ виномъ не угощаетъ. Впрочемъ, гдѣ-нибудь въ сѣняхъ или клѣтушкѣ діаконъ и псаломщикъ, укрываясь отъ папы, успѣвали вмѣстѣ съ хозяиномъ пропустить по „мерзавчику“ и больше. Это обнаруживалось уже потомъ, когда послѣ нѣсколькихъ такихъ присаживаній, діаконъ, чтобы скрыть свое состояніе, начиналъ отставать, а псаломщикъ, еле ходя, шатался и писалъ дубль-ве и, вмѣсто пѣнія, издавалъ разные не членораздѣльные звуки и отплевывался.

Къ хожденію по приходу у меня присоединяется воспоминаніе о спорахъ изъ-за первенства между деревнями, деревенскомъ пѣніи и т. п. вещахъ.

Находившаяся въ вѣдѣніи папы половина прихода состояла изъ завода и трехъ деревень.

Послѣднія мы обозначимъ буквами А, Б и В.

По установившемуся обычаю, деревни всегда обхаживали съ иконами послѣ завода въ одномъ и томъ же порядкѣ: А, Б и В. Соблюденіе этой традиціи имѣло въ основанiи не только древность, но и относительное разстоянiе деревень отъ церкви. Заводъ былъ отъ села въ полуверстѣ, А въ верстѣ, Б—въ двухъ и, наконецъ, В—находилось за четыре версты.

Между тѣмъ каждый годъ крестьяне всѣхъ трехъ деревень, особенно двухъ послѣднихъ, заводили между собою жаркiй, чуть не доходившiй до драки, споръ, въ какую деревню во-первыхъ нести иконы. А—отбивала себѣ, указывая на кратчайшее разстоянiе. Б—требовала обхожденiя себя раньше другихъ ссылаясь на то, что должна быть очередь: прошлый годъ ходили сначала А, а теперь нужно сдѣлать то же съ Б. В—доказывала свое право многолюдствомъ. Кончалось тѣмъ, что накричавшись до хрипоты, наговоривши другъ другу много разныхъ нелестныхъ вещей, чуть не подравшись, мужики расходились съ рѣшенiемъ:

— Какъ было, такъ пускай и будетъ. Не намъ ломать, что заведено нашими отцами и дѣдами. Ходи батюшка, сначала А, потомъ Б и В.

Я полагалъ въ дѣтствѣ, что эти споры велись исключительно изъ-за первенства, по честолюбiю, но потомъ я узналъ, что причина ихъ болѣе реальная. Именно: до того времени, пока иконы не обходятъ деревни, нельзя было ни катать яицъ, что касалось, главнымъ образомъ, молодежи, ни пьянствовать, что относилось къ взрослымъ. Послѣ же ухода изъ деревни иконъ, разрѣшалось какъ то, такъ и другое. Понятно, что каждой деревнѣ хотѣлось поскорѣе окончить этотъ своеобразный постъ.

Насколько прiятно мнѣ было заводское пѣнiе, раздававшееся по домамъ и улицамъ вслѣдъ за иконами, настолько противно было деревенское. Тамъ и голоса были чище, и выговоръ правильный. Здѣсь же не пѣли, а какъ-то „орали" во все горло и при томъ до крайней безсмыслицы коверкали слова.

Напримѣръ, первый ирмосъ, послѣ словъ.

„Воскресенiя день" выговаривался такимъ образомъ:
„Просвѣтился люди-еръ,
„Паска Господня, паска" и т. д.

Особенно мнѣ не нравилось, какъ пѣли чаще всего повторяемый на Пасху тропарь.

Идемъ по деревнѣ толпа ребятъ, мужиковъ, дѣвокъ и бабъ и во всю глотку „оретъ“:

— Кристосъ васкреся изъ ме·е·ертвыхъ, смертію смерть поправъ (здѣсь пѣвцы какъ-то понижаютъ и точно перепрыгиваютъ чрезъ канаву), и сущій ваграбей, живой даравой.

По обхожденіи завода или деревни, иконы обносились кругомъ селенія съ пѣніемъ „Христосъ воскресе“ и служился „мірской молебенъ“.

Этотъ молебенъ совершался на открытомъ воздухѣ около часовни. Сюда приходило молиться все населеніе. По мѣдному блюдечку звякали мелкія монеты. Иконы обвѣшивались холстами и шитыми полотенцами. Въ большой мискѣ освящалась вода, въ которую съ пѣніемъ „Спаси, Господи“... погружался крестъ, при пушечныхъ или ружейныхъ выстрѣлахъ. Мастеровые и крестьяне поздравляли другъ друга:

— Провожомши Божу—Мать!

Странно, что на Пасху, когда всѣ мысли и взоры должны быть устремлены на Воскресшаго, когда почти все время звучитъ одна и та же пѣснь „Христосъ воскресе“, наши „мужички“, называютъ только одну Божію Матерь, съ посѣщеніемъ иконы, которой, или, по ихъ выраженію провожданіемъ, они поздравляютъ другъ друга.

─────────

Нельзя не упомянуть также еще объ одномъ пасхальномъ обычаѣ, существовавшемъ въ нашихъ деревняхъ не такъ давно, но теперь уже прекратившемся.

Всякій разъ, какъ оканчивался мірской молебенъ, и священникъ уходилъ къ старостѣ пить чай, толпа крѣпкихъ, здоровыхъ бабъ обступали псаломщика, „дьячка“ по старинному названію, и начинала его катать „валять“ по землѣ, не разбирая ни грязи, ни сору.

— Чтобъ ленъ уродился,—говорили бабы.

Не понимаю какая связь между урожаемъ льна и валяньемъ по землѣ „дьячка“ послѣ мірского молебна.

Вѣроятно, здѣсь какой-нибудь пережитокъ языческой старины.

Въ то время, когда я ходилъ по приходу, обычай этотъ уже потерялъ силу и превратился въ шутку. Бабы обступая псаломщика, только говорили ему:

— Повалять бы тебя надоть,—но самого не касались.

По разсказу очевидца, обычай этотъ прекратился послѣ такого случая. Къ дьячку въ деревнѣ В подошла, по отходѣ мірского молебна, самая здоровая баба и сказала:

— Вотъ я сицасъ тебя повалю.

За ней устремились на псаломщика другія женщины. Но дьячекъ, пока еще его не успѣли повалить, какъ хватитъ со всего размаха туго набитою деньгами кружкой по спинѣ первой бабы. У той искры изъ глазъ посыпались. Крышка, вслѣдствіе сильнаго удара, отскочила отъ кружки и часть денегъ разлетѣлась въ разныя стороны. Всѣ бросились бѣжать, а дьячекъ сталъ подбирать разсыпавшіяся деньги. Съ тѣхъ поръ ужъ его никто не каталъ, только каждый годъ шутили надъ нимъ веселыя бабы.

7.

Визиты.

Визиты, т.-е. посѣщенія нашего дома гостями съ праздничнымъ поздравленіемъ, попреимуществу падали на первый день послѣ вечерни, служившейся около четырехъ часовъ. Иногда они наносились и на второй, и на третій, и послѣдующіе дни Пасхи.

Пасхальная вечерня, служившаяся съ особой торжественностью въ полномъ облаченіи, съ чтеніемъ евангелія священникомъ лицомъ къ народу и т. д. проходила у меня въ полудремотѣ вслѣдствіе безсонницы предшествующей ночи и усталости отъ хожденія по приходу. Однако, когда вечерня только что начиналась или возвращалось обычное свѣтлое сознаніе, я стоя въ храмѣ и смотря на алтарь, иконостасъ, народъ, котораго бывало всегда много, спрашивалъ себя:

неужели въ этомъ храмѣ и такъ недавно, всего 12—16 часовъ тому назадъ совершалось то свѣтлое торжество, которое представляла собой пасхальная утреня и обѣдня. Мнѣ казалось, что торжество это происходило гдѣ-то высоко-высоко на небѣ и отдѣляетъ его отъ настоящаго момента не половина сутокъ, а цѣлая вѣчность.

Послѣ вечерни визиты были потому, что въ другое время дня нельзя было папу застать дома. Впрочемъ, кромѣ папы, визитеры имѣли въ виду маму и сестеръ.

Считаю удобнымъ сказать здѣсь нѣсколко словъ о своихъ сестрахъ.

Старшая сестра—Таня, превосходившая меня пятнадцатью годами, была очень умна, но, какъ мнѣ казалось въ дѣтствѣ, черства душой, въ чемъ я впослѣдствіи имѣлъ данныя разубѣдиться. Выйдя очень молоденькой замужъ за больного человѣка, она скоро овдовѣла и къ тому времени, о которомъ я разсказываю, представляла собой очень интересную вдовушку.

Въ противоположность Танѣ, вторая моя сестра Наташа отличалась необыкновенной женственностью. Я былъ ея любимцемъ, въ отвѣтъ на что и я питалъ къ ней нѣжную братскую любовь.

Разсказываютъ, что я росъ очень капризнымъ ребенкомъ. Въ то время какъ Таня на мои капризы не обращала никакого вниманія, Наташа, съ свойственной ей отзывчивостью, старалась удовлетворить всѣ мои требованія. Когда, напримѣръ, я кричу:

— Наташа, приди!—Наташа приходитъ.

— Наташа, уйди!—раздается въ ту же минуту мой крикъ, и—Наташа, не говоря ни слова, уходитъ. Таня, конечно, этого не дѣлала и на подобное обращеніе со мной Наташи смотрѣла, какъ на баловство.

Когда Наташа была просватана, я плакалъ о ней, какъ объ умершей. На жениховъ ея я смотрѣлъ, какъ на своихъ личныхъ враговъ.

Обѣ сестры: какъ Таня, такъ и Наташа не получили образованія, но, благодаря природнымъ дарованіямъ и начитанности, были очень умны и, при своей кра-

сотѣ, интересны, особенно старшая. Безъ преувели-
ченія можно сказать, что молодые люди льнули къ
моимъ сестрамъ, какъ мухи къ варенью и жениховъ
у нихъ, поэтому, было много, какъ у Пенелопы.

Наиболѣе важной персоной, визита которой ожи-
дали, какъ особой чести, была хозяйка завода—Анна
Андреевна Гусева.

Это была образованнѣйшая, добрѣйшая и, какъ го-
ворили, рѣдкой красоты въ молодости, женщина, вдо-
ва предводителя дворянства нашего уѣзда. Но, на
сколько я помню себя, Анна Андреевна представляла
собою сѣдую, чрезвычайно полную, „хромую“, какъ
ее звали рабочіе нашего завода, „барыню“. Хромала
она на лѣвую ногу отъ вывиха колѣнки, и, потому,
всегда ходила на костылѣ.

Утверждали, что она говорила на двѣнадцати язы-
кахъ. Я не имѣлъ возможности провѣрить справедли-
вость этого утвержденія. Могу лишь сказать, что го-
ворить она умѣла по-англійски, по-нѣмецки и по-фран-
цузски. Превосходно читала по-польски и по-испански.
О другихъ языкахъ ничего не знаю.

Домъ ея былъ сплошнымъ кабаре: постоянные го-
сти, музыка, танцы, фейерверки, пикники, карты и пр.
удовольствія. Кромѣ наѣзжавшихъ съ разныхъ сто-
ронъ гостей, ея домъ всегда бывалъ переполненъ род-
ственниками, служащими завода и приживалками. При-
слуги одной была цѣлая армія.

Главной ея страстью были цвѣты. Цѣлая половина
ея огромнаго сада была занята клумбами, дорожками,
куртинами, бесѣдками и т. д. Всѣ комнаты также бы-
ли роскошно декорированы цвѣтами. Въ глубинѣ сада
имѣлась огромная оранжерея. Цвѣты были всевозмож-
ныхъ видовъ, сортовъ и окраски.

Всѣ новости горшечной и садовой флоры представ-
лены были налицо. Цвѣты выписывались не только изъ
лучшихъ оранжерей Россіи и Западной Европы, но и
Америки. Деньги платились за нихъ безъ конца и счета.

Садовникъ у Анны Андреевны былъ лучшій едва ли
не во всей губерніи.

Съ людьми, низшими себя по положенію, она держалась просто, къ духовенству относилась съ уваженіемъ.

Къ намъ она обыкновенно пріѣзжала въ роскошномъ ландо. Иногда ее катали и возили въ особомъ креслѣ, вслѣдствіе ея хромоты.

Говорила она на „о“, басомъ, сильно картавя: вмѣсто „р“ выговаривала „г“, вмѣсто твердаго „л“—„у“.

Меня Анна Андреевна очень любила и дарила мнѣ на елку дорогія игрушки.

———

Слѣдующимъ по важности лицомъ былъ Викторъ Сергѣевичъ Ильманъ, управляющій заводомъ.

Финнъ по происхожденію, но обрусѣвшій до перехода въ Православіе и потери всѣхъ чертъ національнаго облика, онъ представлялъ собою весьма любопытный типъ для наблюденій. Необыкновенно талантливый и образованный, гуманный и добрый, онъ въ то же время являлъ собою полнаго аномиста.

Закономъ, какъ Божескимъ, такъ и человѣческимъ, онъ подчинялся только за страхъ, теоретически и, гдѣ можно было, практически отрицалъ ихъ.

Изъ всѣхъ способностей, которыми въ изобиліи и множествѣ осыпала его природа, онъ особенно владѣлъ даромъ слова. Впрочемъ, онъ не столько пользовался этимъ даромъ, сколько злоупотреблялъ имъ.

Его рѣчь всегда была интересна, художественна и остроумна. Своими анекдотами Викторъ Сергѣевичъ былъ извѣстенъ на весь уѣздъ.

Его считали атеистомъ и либераломъ.

Помню, какой ужасъ вызвало во мнѣ впервые это названіе. Я думалъ, что „атеистъ“, это какой-нибудь звѣрь или злодѣй, который готовъ убить и съѣсть папу съ мамой и меня подвергнуть тому же самому. Но когда я ближе присмотрѣлся къ Виктору Сергѣевичу, я не нашелъ въ немъ ничего страшнаго.

Даже, наоборотъ, мы, дѣти, очень любили Виктора Сергѣевича за его отечески - ласковое отношеніе къ намъ, за его игры, въ которыхъ онъ нерѣдко принималъ участіе наравнѣ съ нами, за веселье, всегда вносимое имъ, куда бы онъ ни являлся.

Несмотря на свой атеизмъ, онъ былъ одно время старостой нашего храма. Какъ это случилось, не знаю. При немъ именно у насъ впервые стала входить въ обиходъ пасхальнаго богослуженія пиротехническая иллюминація. Папа называлъ его „волтеріанцемъ" за его не щадившій ничего святого, глумившійся надъ всѣмъ церковнымъ, языкъ. Препятствовать возведенію его въ старосту папа не могъ, такъ какъ этого желалъ весь приходъ, особенно заводъ, боготворившій Виктора Сергѣевича за его гуманность и доступность.

Обладая привлекательной наружностью и даромъ рѣчи, Викторъ Сергѣевичъ всюду являлся опаснымъ сердцеѣдомъ, не знавшимъ соперниковъ, кумиромъ всѣхъ нашихъ барышень и даже многихъ дамъ.

Въ нашъ домъ онъ приходилъ не только по простому знакомству, но и на правахъ церковнаго старосты, главнымъ же образомъ потому, что нѣкоторое время ухаживалъ за моей старшей сестрой.

У него было три сына: Поль, Пьеръ и Жоржъ. Всѣ трое были друзьями моего дѣтства.

Однако, въ отличіе отъ той дружбы, которая связывала меня съ Ваней, эта дружба держалась на иныхъ началахъ. Та была религіозно-бытовая, а эта имѣла характеръ общекультурный и интеллектуальный. Съ Ваней мы играли въ службу, подавали кадило въ алтарѣ, убирали церковь къ Пасхѣ, работали въ полѣ другъ у друга и т. д. Наоборотъ, дѣтямъ Виктора Сергѣевича не позволяли сближаться съ нами на религіозной почвѣ, представляя лишь развлекаться вмѣстѣ съ нами играми, физическими упражненіями, книгами и т. п. интересами.

Не столь часто поэтому они ходили ко мнѣ и Ванѣ, сколько мы къ нимъ.

Особенно дружилъ я съ Пьеромъ, въ котораго даже былъ влюбленъ по дѣтски.

На Пасху они тоже приходили въ село и вмѣстѣ съ Викторомъ Сергѣевичемъ, и компаніей отъ насъ шли къ діакону.

———

Изъ другихъ визитеровъ я помню, между прочимъ, слѣдующихъ лицъ:

1. Петръ Петровичъ, племянникъ Анны Андреевны, женатый на простой крестьянкѣ. Я помню его, во-первыхъ, по оглушительному и заразительному хохоту, которымъ онъ смѣялся, а, во-вторыхъ, потому, что приходя къ намъ на Пасху съ визитомъ, онъ каждый разъ пѣлъ:

„Пасха, красная!
„Пасха бѣлая!
„Пасха шоколадная!

2. Домашній учитель дѣтей Виктора Сергѣевича, которымъ былъ сначала студентъ семинаріи Никаноръ Ивановичъ Цвѣтковъ, а затѣмъ—нѣмецъ Ѳедоръ Ѳедоровичъ Руфъ.

Перваго я очень любилъ за его общительный весело-добродушный характеръ. Про него именно у насъ говорили: „пьянъ да уменъ—два угодья въ немъ“. За познанія въ оккультныхъ наукахъ, его звали „колдуномъ“.

Второй представлялъ собой породистаго нѣмца, всегда молчаливаго. Послѣднее свойство шутя объясняли непомѣрной говорливостью и сварливостью его супруги Ксеніи Ивановны. Его нѣмецкая фамилія скоро превратились въ библейскую „Руѳь“, а Ксенія въ Ксантиппу. Всѣ эти превращенія были дѣломъ, конечно, Виктора Сергѣевича, который иначе и не звалъ за глаза Ѳедора Ѳедоровича, какъ:

— Негг Руѳь.

3. Проживавшій на нашемъ заводѣ потомственный дворянинъ, старый инженеръ, Павелъ Васильевичъ Боровицкій, по своей наружности двойникъ покойнаго знаменитаго историка Василія Осиповича Ключевскаго, какимъ я зналъ его, когда былъ студентомъ. Это былъ необычайно умный отъ природы, изобрѣтательный человѣкъ, удивлявшій всѣхъ своими техническими нововведеніями, за что его въ шутку звали „Эдиссономъ“. По своему характеру, въ противоположность Ключевскому, онъ былъ замкнутъ, хотя и любилъ бывать въ обществѣ, раздражителенъ и, когда выпивалъ, даже вздоренъ. Я помню, какъ на свадьбѣ моей сестры онъ

вцѣпился въ длинную бороду нашего діакона и кричалъ:

— Застрѣлю!—хотя въ его рукахъ не было никакого орудія. Ихъ послѣ того, въ буквальномъ смыслѣ слова розлили водой.

Будучи уже 70-лѣтнимъ старцемъ, Павелъ Васильевичъ женился на довольно молоденькой для своихъ лѣтъ сухопарой заводской дѣвицѣ, которой оставилъ большое состояніе.

4. Гувернеръ Поля, Пьера и Жоржа, французъ Рэйонъ Адамъ Карловичъ. Я помню его лишь потому, что когда ему приходилось съ кѣмъ нибудь изъ насъ изъясняться по-русски, онъ до слезъ смѣшилъ насъ своею рѣчью, выговаривая напр., вмѣсто „пяльцы"— „пальцы" или вмѣсто „гвоздь"—„гость" и т. д.

5. Земскій учитель нашего завода Валентинъ Валентиновичъ Журавлевъ, котораго звали, за его пристрастіе къ картамъ, „Валетъ Валетычъ". Кромѣ картъ, за которыми онъ просиживалъ напролетъ, какъ говорили въ шутку, по сорока дней и ночей, „Валетъ Валетычъ" отличался такой спесью, точно стихотвореніе Алексѣя Толстого „Спесь" было списано именно съ него. Такъ, онъ не кланялся первымъ никому даже и изъ высшихъ себя по положенію лицъ, кромѣ одного своего инспектора и Анны Андреевны, у которой, впрочемъ, не цѣловалъ руки, что дѣлали всѣ.

6. Фельдшеръ Аркадій Григорьевичъ Точкинъ, онъ же и регентъ нашего хора. Онъ былъ не только безголосъ, но и глухъ на одно ухо, однако, сумѣлъ поставить хоръ на небывалую до и послѣ него высоту. Мнѣ онъ очень хорошо памятенъ и по своему врачебному искусству, и какъ регентъ, и какъ главный устроитель танцевъ на разнаго рода вечеринкахъ.

7. Урядникъ Максимъ Ананіевичъ Хлѣбниковъ, вопреки своей профессіи, отличавшійся необыкновенной мягкостью характера. Меня онъ ласкалъ, какъ своего собственнаго сына. Одно время пущенъ былъ слухъ, что онъ женится на Танѣ, которая къ тому времени овдовѣла, а онъ развелся съ своей женой. Я очень обрадовался этому слуху и не могъ понять, почему

мнѣ строго-на-строго запретили говорить объ этомъ и радоваться этому обстоятельству. Тогда я не находилъ страннымъ, какъ находили это всё, что простой урядникъ женится на дочери священника. Онъ былъ очень хорошъ, какъ человѣкъ, и съ меня этого было довольно.

8. Кокинъ съ женой и дочерьми, такими же подругами моихъ сестеръ, какими друзьями были я и дѣти Виктора Сергѣевича. Ни одна изъ Кокиныхъ мнѣ не нравилась, а Тоня, старшая изъ нихъ, внушала мнѣ прямо отвращеніе своей мужицкой грубостью и нападками на меня. Однажды она взялась стричь меня и не знаю, намѣренно или не намѣренно, проколола мнѣ ножницами ухо.

9. Помощникъ механика Димитрій Алексѣевичъ Шабанинъ, бывшій кузнецъ нашего завода, но, благодаря опыту и практикѣ, хорошо понимавшій заводское дѣло. Впослѣдствіи онъ былъ даже короткое время управляющимъ. Отличительной особенностью его былъ голосъ, въ которомъ за разъ звенѣло нѣсколько голосовъ, какъ-будто это былъ не одинъ человѣкъ, а цѣлый маленькій хоръ. Единственный разъ въ году, именно на Пасху, онъ становился на клиросъ и пѣлъ „Да воскреснетъ Богъ“, концертъ, бывшій какъ бы его амплуа. Я очень любилъ этотъ гармоническій, какъ органъ, голосъ и ожидалъ его съ нетерпѣніемъ. На вечерахъ Шабанинъ былъ запѣвалой. Любимой его пѣсней была:

— „Жилъ былъ у бабушки сѣренькій козликъ

— „Вотъ какъ, вотъ какъ сѣренькій козликъ“...

Болѣе слѣдовъ въ моей памяти оставилъ главный техникъ или „механикъ“ завода—англичанинъ Ѳома Ѳомичъ (какъ онъ самъ называлъ себя) Сталь. Это былъ совершенно лишенный растительности на головѣ и лицѣ, кругленькій старичекъ, красненькій отъ спирту, котораго онъ потреблялъ безъ мѣры, и необыкновенно крикливый. Какъ и французъ, онъ плохо владѣлъ русскимъ языкомъ и, потому коверкалъ его до смѣшного

Разъ онъ пригласилъ къ себѣ на Пасху духовенство съ крестомъ. Послѣ молебна, желая быть, насколько возможно, любезнымъ хозяиномъ и по-русски, т.-е. съ особеннымъ радушіемъ, угостить причтъ, онъ попросилъ всѣхъ къ столу и, показывая то на одну, то на другую закуску, приговаривалъ:

— Жрите!

Лишь тактичность папы, понявшаго секретъ такого угощенія, спасла не въ мѣру любезнаго хозяина отъ скандала, который собирался было устроить ему діаконъ.

Сталь былъ по-своему остроуменъ. Я помню, какъ онъ однажды, находясь у насъ, вздумалъ доказывать вредъ куренія и нюханья табаку.

— Твоя не знаетъ, — говорилъ онъ какому-то курильщику, — что ешлибъ Богъ велѣлъ курить, то уштроилъ бы тебѣ на головѣ трубъ, ты бы закурилъ, а у тебя изъ труба дымъ пошелъ.

— А почему нельзя табакъ нюхать, — спрашивалъ его Кокинъ, у котораго періодически изъ носа капала свѣтлозеленая жидкость отъ постояннаго нюханья табаку.

— Потому, что ешлибъ Богъ шкажалъ тебѣ: нюхай табакомъ, Онъ уштроилъ бы тебѣ носъ кверху, а не внизъ. Ты захотѣлъ бы понюхать табачкомъ, да и всыпалъ бы вотъ такъ, и онъ представилъ, какъ можно было бы насыпать удобно табакъ въ носъ, если бы онъ былъ устроенъ приспособительно къ нюханью табаку.

Этотъ методъ доказательства вреда куренья и нюханья табаку, цѣлесообразностью устройства человѣческаго организма, Ѳома Ѳомичъ часто развивалъ и передъ мастеровыми завода, желая отучить ихъ отъ того и другого.

Со мной онъ иногда шутилъ, сажая къ себѣ на колѣни и своими жирными красными пальцами щекоча по шеѣ, что мнѣ не совсѣмъ нравилось.

Всѣ эти названные и не названные гости иногда вмѣстѣ, иногда группами, наполняли нашъ домъ, какъ пчелы улей. Раздѣвались и одѣвались, шумѣли и говорили, пѣли и играли, смѣялись и хохотали, ѣли и пили, стучали ножами и вилками, двигали стульями и хлопали пробками, здоровались и прощались, христосовались и дарили яйца, звали къ себѣ, приходили и уходили.

Послѣ себя они оставляли непріятный запахъ папиросъ, недоѣденныхъ закусокъ, недопитаго вина, вороха окурковъ и объѣдковъ.

Эти визиты, говоря по правдѣ, мнѣ не очень нравились. Характеръ ихъ былъ исключительно свѣтскій. Свѣтлаго, пасхальнаго, христіанскаго въ нихъ не было ничего. Мой братъ даже избѣгалъ этихъ визитовъ и куда-то скрывался.

Иной нѣсколько характеръ носили визиты крестьянъ изъ деревень, заходившихъ всегда къ папѣ послѣ обѣдни на второй день. По большей части это были зажиточные мужики, которые „присаживали“ у себя папу съ причтомъ при хожденіи съ иконами.

Входя въ домъ, они крестились на образа, чинно разсаживались вокругъ стола, ѣли и пили, что имъ подавалось: куличъ и пасху, яйца и студень, мясо вареное и жареное, иногда ветчину и пирогъ, съ чаемъ они ѣли мягкій хлѣбъ и баранки.

За столомъ шелъ разговоръ о приближающемся посѣвѣ яроваго и т. п. хозяйственныхъ предметахъ.

Очень часто папа велъ съ ними бесѣды о вредѣ пьянства,—чѣмъ они, впрочемъ, были не особенно довольны, какъ и отсутствіемъ для нихъ вина на столѣ, — равно и на другія подобныя назидательныя темы.

8.

На колокольнѣ.

При двухъ церквахъ, у насъ имѣлась одна колокольня, составлявшая съ холодной церковью одно цѣлое зданіе. Снаружи она представляла собою трехъярусную башню, на верхнемъ этажѣ которой сквозь пролеты оконъ виднѣлись колокола.

Чтобы попасть на площадку, надъ которой висѣли колокола, нужно было внутри башни подняться по четыремъ довольно крутымъ лѣстницамъ, слабо освѣщенными небольшими слуховыми окошечками.

Съ верхней площадки, гдѣ висѣли колокола, открывался красивый видъ на далекое разстояніе кругомъ.

Дома, изъ которыхъ состояло наше село, представлялись карточными постройками; люди внизу казались ползающими букашками.

Заводъ и деревни приближались до того, что можно было видѣть дымовыя трубы. На далекое пространство растилались лѣса и поля. Сосѣднія села показывали изъ-за лѣса, невидимыя обычно, маковки своихъ церквей.

Изъ семи колоколовъ одинъ былъ большой, вѣсившій около 200 пудовъ. Въ него благовѣстили по праздникамъ и въ особыхъ случаяхъ, напримѣръ, при выносѣ покойниковъ. Я любилъ звукъ этого колокола, громкій, пѣвучій, съ тембромъ какой-то особой торжественности.

Про него существовала даже легенда. Въ наше село поступилъ нѣкогда новый „дьячекъ“. По своей обязанности онъ отправился разъ звонить на колокольню. Раскачалъ языкъ, ударилъ о край колокола, — нѣтъ звука; ударилъ другой разъ — опять ни звука. Подумалъ дьячекъ, подумалъ, свѣсилъ ноги изъ окна колокольни, да и прыгъ на землю съ высоты 10 саженъ. Какъ упалъ на землю, такъ въ лепешку и распластался. Причина безмолвія колокола заключалась, будто бы, въ томъ, что дьячекъ, какъ потомъ оказалось, былъ растригой. Такъ объясняли наши прихожане имѣвшій въ дѣйствительности мѣсто случай умышленнаго паденія съ колокольни одного стараго пономаря.

Второй колоколъ былъ будничный, въ который отбивали ночью часы и звонили во всѣ дни, кромѣ воскресеній и праздниковъ. Отъ будничнаго колокола была спущена внизъ и привязана къ паперти веревка, за которую и дергали, чтобы произвести звонъ. По этой веревкѣ смѣлые мальчики спускались на землю, а нѣкоторые, впрочемъ весьма немногіе, поднимались вверхъ на колокольню. Я не любилъ этого колокола за его печально-похоронный звукъ.

Однажды на паперть взобралась коза и запуталась рогами за веревку. Почувствовавъ себя въ плѣну, она начала биться и бросаться въ разныя стороны, дергая веревку и производя похожій на набатъ звонъ, чѣмъ вызвала переполохъ въ селѣ. Говорятъ, нѣчто подобное случилось въ Козельскѣ, отъ чего этотъ городъ и получилъ свое названіе.

Другіе пять колоколовъ были совсѣмъ маленькіе. Они употреблялись для перезвона и празничнаго трезвона.

Я очень любилъ, когда у насъ звонили во всѣ колокола и подолгу заслушивался, какъ никакой другой музыкой.

Лучшимъ звонаремъ у насъ считался упомянутый „Ѳедоръ Ѳедоровичъ", который единственный разъ въ году, на Пасху, прислуживалъ въ алтарѣ. Его звонъ напоминалъ какую-то веселую музыку, подъ которую одновременно хотѣлось плясать и плакать. Лучше него никто не звонилъ. Свое искусство онъ передалъ по закону наслѣдственности, своему сыну Михаилу Ѳедоровичу. Но далеко сыну до отца, хотя и сынъ теперь считается лучшимъ звонаремъ, какъ въ свое время отецъ.

Другимъ выдающимся звонаремъ былъ зять отца Аѳанасія, служившій въ нашемъ уѣздномъ городкѣ чиновникомъ и пріѣзжавшій по праздникамъ къ тестю. Самъ духовнаго происхожденія, онъ выбралъ чиновничью карьеру только потому, что былъ заика. Когда онъ появлялся въ нашемъ селѣ, онъ выступалъ въ правомъ хорѣ несравненнымъ теноромъ, въ которомъ совсѣмъ не слышно было его природнаго недостатка, и любителемъ звонаремъ.

Остальные звонари, къ которымъ принадлежали и церковные сторожа, между ними, Кузьма Спиридонычъ — были довольно обыкновенные, звонившіе по шаблону, не вносившіе въ колокольную музыку ничего особеннаго.

Пасхальный звонъ на нашей колокольнѣ продол-
жался всю недѣлю. Ежедневно, въ теченіи всей Пасхи,
съ утра, послѣ обѣдни, звонили до самой вечерни
почти безъ перерыва.

Колокольня въ это время принимала довольно не-
обычайный видъ. Обыкновенно запертая на замокъ,
она въ эти дни стояла отпертой и отворенной настежь.
Цѣлую недѣлю, особенно въ первые три дня, она
буквально осаждалась желающими позвонить. Въ ожи-
даніи своей очереди толпа стояла въ притворѣ, откуда
былъ входъ на нее, и на паперти или сидѣла кругомъ
церкви на могильныхъ камняхъ, какъ послѣ каждой
праздничной утрени сидитъ на нихъ народъ, дожи-
даясь обѣдни.

Звонили всѣ, кто могъ: и малые ребята, и дѣвочки,
и парни, и взрослыя дѣвицы, и мужчины, и женщины,
даже старые люди обоего пола. Не лазили звонить
только слѣпые старики, прикованные къ постели боль-
ные да женщины въ послѣдней стадіи беременности.

Цѣлую недѣлю съ завода и изъ деревень шли на
колокольню мужчины въ новыхъ поддевкахъ и сапо-
гахъ, женщины въ лучшихъ платьяхъ и сарафанахъ,
въ шаляхъ и ситцевыхъ платкахъ. Отцы вели за со-
бой ребятъ, матери несли на рукахъ грудныхъ дѣтей.
Вся эта толпа шурша ногами, поднималась на верхнюю
площадку колокольни, крестилась, и дождавшись своей
очереди звонила, сколько хотѣла, опять по тѣмъ же
лѣстницамъ спускалась внизъ и расходилась по до-
мамъ до слѣдующей Пасхи или до слѣдующаго дня.
Нѣкоторые возвращались на колокольню по два, по
четыре раза, а ребята даже по нѣскольку разъ въ
одинъ и тотъ же день.

Въ нашемъ селѣ существовалъ обычай среди за-
водскихъ молодыхъ людей: женихамъ ходить звонить
вмѣстѣ съ своими невѣстами. Такъ какъ на Красную
Горку, или въ первое послѣ Пасхи, такъ называемое,
Ѳомино воскресенье всегда вѣнчалось нѣсколько
свадебъ, да на престольный праздникъ, въ Николинъ

дечь, 9го мая, не меньше, то къ Пасхѣ уже всегда на...биралось не мало молодыхъ, готовыхъ повѣнчаться, парочекъ. И я очень любилъ смотрѣть, какъ разодѣтый въ новый пиджакъ, съ какой-нибудь яркаго цвѣта подъ нимъ рубахой, подъ ручку съ своей нареченной, въ новомъ платьѣ и косынкѣ, важно шествовалъ, направляясь къ колокольнѣ, или обратно. Не пойти вмѣстѣ въ это время на колокольню означало разрывъ. Наоборотъ, сходить и отзвонить такъ, чтобы въ ушахъ весь день трещало у того и у другого, считалось большею честью. Обыкновенно „онъ" становился сначала подъ большой колоколъ, а „она" звонила, потомъ роли мѣнялись: „она съ трудомъ и не всегда впопадъ бралась за большой, а онъ „подлаживалъ" въ маленькіе. Понятно и онъ и она старались отзвонить, какъ можно „хлеще" и „другъ передъ другомъ не ударить лицомъ въ грязь".

Къ пасхальному звону въ нашемъ селѣ, какъ и къ пушкамъ относились различно.

Папа, проводившій большую половину Пасхи въ приходѣ и, потому почти не слышавшій пасхальнаго звона вблизи, не высказывалъ ни удовольствія, ни неудовольствія. Можно думать, однако, что ему звонъ нравился. Мама, какъ больная, страдала отъ звона головною болью.

Сестры, особенно старшая, ворчали, потому что звонъ не давалъ имъ спать и мѣшалъ разговорамъ. Мнѣ и Павлушѣ звонъ никогда не надоѣдалъ.

Что касается, въ частности. меня, то я увлекался звономъ до крайней степени. Звонъ часто вызывалъ у меня слезы, сладкія слезы умиленія. Я никогда не могъ равнодушно слышать двухъ вещей: гармоники, что бы на ней ни игралось и колокольнаго звона.

Самъ я никогда не умѣлъ звонить; тѣмъ охотнѣе я слушалъ чужой звонъ. На колокольню меня въ раннемъ дѣтствѣ не водили и одного не пускали, боясь, что я упаду изъ окна, какъ тотъ легендарный дьячекъ, о которомъ я сообщалъ выше. Знакомство мое съ колокольней было поэтому нелегальное. Вмѣстѣ съ Ваней, который былъ въ этомъ случаѣ моимъ провожатымъ, мы лѣзли на колокольню, какъ воры и никто не зналъ, куда я иногда „пропадалъ“.

Пасхальный звонъ сливался у меня въ сознаніи въ одно цѣлое съ Свѣтлымъ Праздникомъ. Онъ былъ наиболѣе живымъ напоминаніемъ объ этомъ праздникѣ.

Умолкалъ въ субботу Свѣтлой недѣли передъ вечерней звонъ, проходила и Пасха.

Затворялись Царскія двери въ алтарѣ—затворялись и въ душѣ двери радости.

9.

Катанье яицъ и другія игры.

Любимой моей игрой на Пасхѣ было катанье яицъ. Объ этой, какъ и о другихъ играхъ, я сообщаю въ послѣдней главѣ потому, что начинаясь съ перваго дня Пасхи, эти игры продолжались все лѣто (катанье яицъ оканчивалось на отданіе Пасхи, когда пѣли послѣдній разъ „Христосъ воскресе“, къ моему всегдашнему сожалѣнію о томъ и о другомъ).

Катанье яицъ, помимо того удовольствія, которое мнѣ доставляло эта игра сама по себѣ, было для меня пріятно и потому, что съ него открывался сезонъ игръ послѣ Великаго Поста, когда, говоря вообще, всякія игры намъ были запрещены.

Пасхальная по-преимуществу игра — катанье яицъ, производилась у насъ такимъ образомъ. Соберемся, бывало, человѣкъ пять мальчиковъ, столько же дѣвочекъ да кто-нибудь изъ большихъ, напримѣръ, тетя Поля или бабушка Черненькая, не то сама бабушка Марковна, несмотря на свой преклонный возрастъ, и начнемъ катать. У всѣхъ въ рукахъ по яйцу: у кого красное, у кого зеленое, у одного лиловое, у другого голубое. Каждый подходитъ къ лотку, поставленному въ наклонномъ положеніи и осторожно пускаетъ яйцо катиться по нему. Если игра происходитъ на открыт...мъ воздухѣ, яйцо, скатившись съ лотка, продолжаетъ свой путь по травкѣ или сухой землѣ; если же по случаю сырости, играемъ въ комнатахъ, на полу разстилается ватное, стеганое изъ разноцвѣтныхъ лоскутковъ, одѣяло, чтобы яйцы не могли разбиться объ полъ.

Каждое яйцо, встрѣтивъ на своемъ пути другое яйцо и стукнувшись съ нимъ, выигрывало. На мѣсто выиграннаго ставилось новое яйцо.

Все искусство этой игры состояло въ томъ, чтобы сообщить яйцу правильное движеніе по лотку, направляя его, какъ въ цѣль, въ расположнныя по пути яйца.

Я всегда мало выигрывалъ, но мнѣ было пріятно смотрѣть на разбросанныя въ различныхъ сочетаніяхъ по одѣялу или землѣ, точно звѣзды по небу, разноцвѣтныя яйца, на ихъ кругообразное движеніе, сначала быстрое по лотку, потомъ замедленное.

На каждое, только что пущеное яйцо всѣ смотрѣли съ напряженнымъ вниманіемъ, предугадывая напередъ, попадетъ или не попадетъ это яйцо въ другое, стоящее гдѣ-нибудь вблизи у лотка или наоборотъ, далеко, у самаго края одѣяла.

— Берегись! — кричитъ кто нибудь изъ насъ, подходя къ лотку и скатывая яйцо съ легкимъ толчкомъ. Сейчасъ въ твое попаду, — говорится по адресу того, чье яйцо стоитъ ближе къ лотку подъ ударомъ. Но яйцо, точно по какому-то внутреннему произволу, чуть-чуть не докатившись до такъ ловко лежавшаго яйца, поворачиваетъ вдругъ въ сторону и укатывается далеко отъ преднамѣченной цѣли.

— Что попалъ? — радостно говоритъ поддразнивая игрока владѣлецъ счастливо избѣжавшаго удара яйца.

Однако, чаще бывало въ этомъ случаѣ, что яйно, прокатившись по лотку и отдѣлявшему лотокъ отъ цѣли разстоянію, звучно стукалось съ товарищемъ по игрѣ.

— Поцѣловались? — говорили мы тогда.

— Мое! — кричалъ выигравшій.

— Бери, — печально отвѣчалъ другой игрокъ.

Игра эта разнообразилась тѣмъ иногда, что изобгая битья яицъ, часто случавшагося отъ сильныхъ ударовъ одного яйца о другое, употреблялся для катанья шитый изъ тряпочекъ мячъ, выкрашенный, ради большаго сходства съ яйцомъ въ тотъ или другой цвѣтъ. Яйца въ этомъ случаѣ „ставились на конъ“, т.-е. располагались въ извѣстномъ порядкѣ въ томъ или другомъ разстояніи отъ лотка. Тотъ, кому была очередь катить мячъ, стремился попасть въ одно изъ стоявшихъ на кону яицъ. Практическій интересъ игры въ этой варіаціи оставался тотъ же, но эстетическая сторона отодвигалась на задній планъ, отчего катанье яицъ съ мячемъ мнѣ не нравилось и я принималъ въ немъ участіе не охотно.

Въ катаньи яицъ, съ мячомъ и безъ мяча, одинаково участвовали какъ мальчики, такъ и дѣвочки. Но была игра въ яйца спеціально дѣвичья, за участіе въ которой насъ мальчиковъ дразнили такъ же, какъ и за всякое другое соучастіе въ „дѣвичьемъ дѣлѣ“, напримѣръ, за игру въ куклы, за шитье тряпокъ вмѣстѣ съ ними:

— Дѣвушникъ!

Иногда даже въ стихахъ, стихъ которыхъ мнѣ былъ не ясенъ:

— „Дѣвушникъ—ушникъ
Въ подворотню шмыкъ“.

Эта дѣвичья игра называлась у насъ „въ подкучки“. Я въ ней нерѣдко принималъ участіе, не обращая вниманія на обидное названіе.

Насыпалось нѣсколько кучекъ песку, настолько высокихъ, чтобы въ каждой изъ нихъ можно было укрыть яйцо. На каждаго изъ играющихъ должно быть по двѣ кучки. Затѣмъ подъ одну изъ пары кучекъ каждой или каждымъ изъ игроковъ пряталось по яйцу при помощи не участвовавшей въ игрѣ дѣвочки. Въ то время, пока прятались яйца, всѣ отходили въ сторону и отворачивались, чтобы не знать, въ какія кучи положены яйца.

— Готово!—кричала намъ прятавшая въ песокъ яйца дѣвочка.

Мы подходили и поочереди „узнавали“, показывая ка·
ждый или каждая для себя на одну изъ насыпанныхъ кучъ.

— Пустая! — торжествующе восклицала „кучница“,
разгребая рукою обманувшую кучу.

— Съ яйцомъ! возглашала она же, если удавалось
указать на кучу, въ пескѣ которой было спрятано
яйцо.

Въ результатѣ обязательно кто-нибудь выигрывалъ
по яйцу и кто-нибудь проигрывалъ столько же, такъ
какъ у одного обѣ кучи могли оказаться пустыми, а
у другого и та и другая съ яйцами. Розыгрышъ же
случался очень рѣдко.

Игра эта разообразилась въ томъ случаѣ, если иг-
рающихъ было только двое. Одна зарывала яйцо, дру-
гая узнавала, въ какой изъ двухъ кучъ это яйцо по-
ложено. Если которая говорила вѣрно, то брала яйцо
себѣ, если не угадывала, отдавала отъ себя яйцо под-
кучницѣ.

Вмѣсто яицъ, дѣвочки, особенно когда онѣ играли
однѣ безъ ребятъ, употребляли камушки, браниски,
даже пуговки.

Какъ у дѣвочекъ была, кромѣ катанья, своя игра
въ яйца, именно „въ подкучки“ такъ и у мальчиковъ
существовала замѣнявшая „кучки“ игра, состоявшая
въ битвѣ яицъ. Я не интересовался этой игрой и всту-
палъ въ нее довольно рѣдко.

Каждый игрокъ бралъ по „биту“, т. е. свареному
„въ крутую“ яйцу съ крѣпкой скорлупой. Затѣмъ
одинъ держалъ яйцо „пушкой“ вверхъ, а другой дол-
женъ былъ ударить по нему „носикомъ“ другого
яйца. Чье яйцо при этомъ разбивалось, тотъ и про-
игрывалъ. Выдержавшее ударъ яйцо продолжало иг-
рать, превращаясь изъ „наковальни“ въ „молотъ“ или
наоборотъ.

Кромѣ того, изъ пасхальныхъ игръ въ моемъ дѣт-
ствѣ существовала особая игра „въ плошки“, кото-
рая, хотя начиналась съ Пасхи, но продолжалась все
лѣто. Теперь и эта игра, съ изъятіемъ изъ пасхальной
иллюминаціи плошекъ, вышла изъ употребленія; ее

какъ и многія другія здоровыя игры, замѣнили: стрѣль ба, „разбойники" и т. п. игры, развивающія въ ре бенкѣ инстинктъ кровожадности.

Собиралась ватага мальчиковъ и дѣвочекъ вмѣстѣ. По жребію или по „кону", одинъ долженъ былъ изображать изъ себя „горящую плошку". Съ кри комъ:

— Плошка горитъ! — вся ватага разбѣгалась отъ него въ разныя стороны, а онъ долженъ былъ кого-нибудь поймать, „зажечь" другую плошку.

— Другая плошка горитъ! — кричалъ первый, когда ему удавалось схватить за руку кого-нибудь. Тогда они вдвоемъ ловили третьяго, четвертаго, пока отъ ватаги не оставался одинъ, за которымъ уже бѣгали всѣ. Каждый разъ, при поимкѣ новаго игрока, вы кликали:

— Третья плошка горитъ!... Четвертая плошка го ритъ!... и т. д.

Когда всѣ были, такимъ образомъ, переловлены, на чиналось обратное „тушеніе плошекъ". Сначала всѣ ловили одного, изображавшаго первую плошку.

Когда онъ былъ пойманъ, кричали:

— Первая плошка погасла, — и съ этими словами отбѣгали отъ него.

Пойманный обязанъ былъ въ свою очередь схватить слѣдующаго, — „потушить" другую плошку; этотъ третьяго (въ отличіе отъ зажиганья, безъ помощи перваго), тотъ четвертую и т. д. Каждый разъ при этомъ возглашали:

— Вторая плошка потухла! третья плошка погасла! Съ каждымъ разомъ по одному игроку выбывало изъ строя и ватага уменьшалась. Наконецъ, пойманъ и послѣдній. Игра прекращалась вмѣстѣ съ крикомъ.

— Послѣдняя плошка погасла!

Игра, если было желаніе, начиналась вновь. Игра „въ плошки", требовавшая движенья, простора, воз духа, бѣготни, сопровождавшаяся веселымъ крикомъ, отъ котораго развивались и крѣпли легкія, нравилась намъ, какъ никакая другая изъ подобныхъ игръ на воздухѣ и, потому чаще всѣхъ нами производилась.

Я не описываю здѣсь другихъ игръ, весьма также любимыхъ мною въ дѣтствѣ: въ бабки, или „цлыки", въ лапту, въ чижики, въ горѣлки и пр., потому что онѣ ничего пасхальнаго въ себѣ не заключали и велись, если не круглый годъ, то цѣлое лѣто. Какъ таковыя, т. е. какъ дѣтскія развлеченія вообще, онѣ требуютъ иныхъ, связанныхъ съ тѣмъ же золотымъ дѣтствомъ, воспоминаній.

Когда проходила Пасха, когда умолкалъ послѣдній звонъ, я чувствовалъ на душѣ такую грусть, точно кто-то безконечно дорогой для меня уѣзжалъ далеко-далеко на цѣлый годъ.

Я такъ любилъ Пасху, что самую жизнь свою я считалъ по пасхамъ, какъ дерево опредѣляетъ свой возрастъ по концентрическимъ кругамъ, замѣтнымъ на срѣзѣ.

Только вчера кончилась Пасха. Такъ же, какъ Пасха, только не на годъ или на два, а на всю жизнь отошло и мое дѣтство. Ни въ одно время года мнѣ такъ живо не вспоминается дѣтство, какъ именно на Пасху. И само дѣтство, при взглядѣ теперь на него, что такое, какъ не свѣтлый праздникъ—Пасха?